商务智能技术及其应用

肖兰　著

延吉·延边大学出版社

图书在版编目（CIP）数据

商务智能技术及其应用 / 肖兰著. -- 延吉 ： 延边
大学出版社，2024. 7. -- ISBN 978-7-230-06919-9

Ⅰ. F713.36

中国国家版本馆CIP数据核字第202447RW25号

商务智能技术及其应用
SHANGWU ZHINENG JISHU JI QI YINGYONG

著　　者：肖　兰
责任编辑：耿亚龙
封面设计：文合文化
出版发行：延边大学出版社
社　　址：吉林省延吉市公园路977号　　　邮　　编：133002
网　　址：http://www.ydcbs.com　　　　　E-mail：ydcbs@ydcbs.com
电　　话：0433-2732435　　　　　　　　传　　真：0433-2732434
印　　刷：廊坊市广阳区九洲印刷厂
开　　本：710mm×1000mm　1/16
印　　张：12.5
字　　数：220 千字
版　　次：2024 年 7 月 第 1 版
印　　次：2024 年 7 月 第 1 次印刷
书　　号：ISBN 978-7-230-06919-9

定价：78.00元

前　言

随着全球商业环境的日益复杂化和信息技术的快速发展，企业面临着前所未有的机遇和挑战。在这个信息时代，数据被认为是企业的宝贵资产之一，而商务智能作为一种决策支持工具，正在成为企业成功的必要工具。

在这个信息爆炸的时代，企业面临着海量、多样化的数据，如何从这些数据中提炼出有价值的信息成为一个亟待解决的问题。商务智能通过运用先进的数据分析、挖掘技术，以及可视化呈现手段，帮助企业管理者更好地理解市场趋势、客户需求，使其做出更为明智的决策。

本书将深入研究商务智能技术的发展与应用，探讨其在企业决策、运营优化和战略规划中的关键作用。本书首先对商务智能相关知识进行了概述，接着从动态联盟的 Web 商务智能决策支持系统和商务智能中心的构建、基于商务智能的动态联盟信息管理方面分析了商务智能在动态联盟方面的应用；最后重点探讨了商务智能技术在零售业、客户关系管理、电信行业以及教育行业的应用。

在本书的写作过程中，笔者查阅了大量的文献资料，在此对相关文献资料的作者表示由衷的感谢。另外，由于笔者时间和精力有限，书中难免存在不妥之处，敬请广大读者和各位同行予以批评、指正。

肖兰

2024 年 6 月

目　录

第一章　商务智能概述

第一节　商务智能的定义和特点

随着云计算和大数据的广泛应用，商务智能（business intelligence, BI）逐渐成为影响世界经济发展、改变人类社会生活的重要因素。在当今信息爆炸的时代，全球每天产生的数据量超过 1 000 亿 GB，数据量级已经从 TB（1 TB＝1 024 GB）级别跃升到 PB（1 PB＝1 024 TB）、EB（1 EB＝1 024 PB）乃至 ZB（1 ZB＝1 024 EB）级。然而，在这些急剧增长的数据中，真正能够被企业用于市场分析的部分少之又少。相关调查表明，大部分企业仍然主要依赖"直觉"或"本能"进行业务决策。面对日益激烈的市场竞争，企业越来越需要具备良好的判断能力和快速的反应能力，以提高决策的准确性和及时性。显然，依赖"直觉"和"本能"的企业决策模式已经不符合时代发展的要求了。从隐藏着巨大的商业价值的海量数据中挖掘出企业决策者所需的信息，已经变得越来越重要。在此背景下，商务智能应运而生，而且越来越受到各企业的重视。

一、商务智能的定义

目前，大家普遍认为商务智能的概念最早是由全球第一家信息技术研究和分析公司——美国加特纳集团于 1996 年提出的。

加特纳集团将商务智能定义为：商务智能描述了一系列的概念和方法，通

1

过应用基于事实的支持系统来辅助商业决策的制定。商务智能技术为企业提供迅速分析数据的技术和方法，帮助企业收集、管理和分析数据，并将这些数据转化为有用的信息，然后分发到企业各处。

提供商务智能解决方案的著名 IT 厂商包括 Microsoft（微软）、IBM（International Business Machines Corporation，国际商业机器公司）、Oracle（甲骨文）、SAP（思爱普）等，它们对商务智能的概念都有其不同的理解，具体如下：

Microsoft 认为，商务智能是任何尝试获取、分析企业数据以便更清楚地了解市场和顾客，改进企业流程，更有效地参与企业竞争的过程。

IBM 认为：商业智能是一系列由系统和技术支持的以简化信息收集和分析的策略集合，它包括企业需要收集什么信息，谁需要去访问这些数据，如何把原始数据转化为最终推动战略性决策的数据。

Oracle 认为，商务智能是一种商务战略，能够持续不断地对企业经营理念、组织结构和业务流程进行重组，实现以顾客为中心的自动化管理。

SAP 认为，商务智能是收集、存储、分析和访问数据以帮助企业更好地进行决策的技术。

国内研究商务智能的著名学者王茁所给出的商务智能的概念为：商务智能是指企业利用现代信息技术收集、管理和分析结构化和非结构化的商务数据和信息，提高商务决策水平，采取有效的商务行动，完善各种商务流程，提升各方面商务绩效，增强综合竞争力的智慧和能力。

通过以上观点，我们可以从信息技术和管理科学两个角度理解商务智能的概念。从信息技术的角度理解，商务智能是为企业提供一种满足决策需要的解决方案的过程，即从多处来自不同的企业运作系统的数据中提取出有用的数据并进行清洗，以保证数据的正确性，然后经过抽取、转换和加载（extract-transform-load, ETL），将数据合并到一个企业级的数据仓库中，从而得到企业数据的一个全局视图，在此基础上利用合适的查询和分析工具、数据挖掘（data mining, DM）工具等对数据进行分析和处理，最后将知识呈现给管理者，为管理者的决策过程提供支持。从管理科学的角度理解，商务智能是对商业信息搜集、管理和分析的过程，目的是使企业的各级决策者获得知识，提高洞察力，促使他们做出对企业更有利的决策。

二、商务智能的特点

商务智能融合了先进信息技术与创新管理理念。通过了解商务智能的特点，我们可以更好地理解商务智能的概念。商务智能主要有以下几个特点：

（1）是一个综合性的开放系统。商务智能面向企业内外环境，是保持企业内部环境同外界环境动态互联的开放系统。

（2）具有强大的数据分析处理与展示功能。商务智能集成了在线分析处理、数据挖掘等多项数据分析技术，能帮助企业进行数据处理，并使数据展示更加生动和直观。

（3）能在系统的海量数据中发现有价值的信息。商务智能能识别和找出隐藏在企业所收集的数据中的有用信息并将其转化为知识。

（4）商务智能是多项技术综合应用的结果。商务智能所采用的技术并不是新的技术，而是已有的数据仓库技术、在线分析处理技术、数据挖掘技术等的综合。

（5）商务智能服务于企业战略。商务智能对企业的内外部数据进行分析的目的是支持企业战略管理。

（6）商务智能可以提升企业竞争力。商务智能能促进企业整体业务或某一方面业务的顺利展开，提升绩效，增加企业的市场份额。

第二节　商务智能的发展阶段
和应用价值

一、商务智能的发展阶段

计算机问世后，一些国家就开始研究计算机技术在企业经营、管理、设计以及生产制造等方面的应用，构建了一批独立的单项应用系统。这些系统的应用，在当时的环境下给企业带来了一定的效益，但由于计算机技术的发展并不完善，所以这些应用局限于某个特定的领域，应用的深度有限。这个时期的这些应用只能被称为"计算机化"的应用，主要功能是用计算机代替人工进行数据处理等工作。

随着计算机应用的深入，信息技术从只能做简单的数据处理发展到能处理比较复杂的信息，应用范围从企业的数据处理部门扩大到企业的各个经营环节，包括生产、设计、办公、管理、采购、营销等。办公自动化系统、电子数据处理系统、各种辅助设计系统、生产控制系统、财务管理系统、订票系统等纷纷出现。这些系统的出现反映了企业计算机化和信息化的发展趋势，但是这些系统中的绝大多数都是在各自领域中独立设计、开发和实施的，没有充分考虑与其他相关领域的相互交叉问题，这样开发出来的系统无法实现信息共享与交流。随着企业信息化的发展，很多企业积累了大量富有价值的电子数据，但这些数据大多存储于不同的系统中，数据存储的格式也不统一，因此企业无法有效地分析和使用这些数据，这就造成了"信息孤岛"和"信息爆炸"并存的局面。

如何解决"信息孤岛"和"信息爆炸"两大难题，使企业存储的数据能充分地发挥作用，成为企业亟待解决的问题。商务智能为这些问题的解决提供了方法。

商务智能把先进的信息技术应用到整个企业，不仅使企业的信息获取能力不断提高，而且通过对有商业价值的信息的开发，将信息转变为企业的竞争优势。商务智能逐渐成为帮助企业实现经营目标的重要手段，因此越来越多的企业提出发展商务智能。

商务智能系统的发展经历了五个阶段，从最初的事务处理系统，经过高级管理人员信息系统、管理信息系统和决策支持系统等阶段，最终演变成今天的商务智能系统。

（一）事务处理系统

事务处理系统是进行日常业务处理、记录、汇总、分类，并为企业的操作层次服务的基本商务系统。事务处理系统可以帮助企业降低业务成本，提高信息准确度，提升业务服务水平。该系统在企业中的应用以下面四种系统为主：市场营销系统、生产制造系统、财务会计系统和人力资源系统。事务处理系统为商务智能系统的发展奠定了基础。

（二）高级管理人员信息系统

高级管理人员信息系统是服务于企业高层经理的一类特殊的信息系统，能够使经理们快速得到有效信息。它首先是一个组织状况报告系统，能够迅速、方便、直观（用图形）地提供综合信息，并有选择地向管理人员和执行人员提供关于业务状况的信息。虽然高级管理人员信息系统能提供关于商业活动情况的一些信息，但企业要想对商业活动所面临的问题进行进一步分析，还要借助其他分析工具或由专业人员来实现。

（三）管理信息系统

管理信息系统是由人和计算机网络集成，能提供企业管理所需信息以支持企业的生产经营和决策的人机系统。其主要功能包括经营管理、资产管理、生产管理、行政管理和系统维护等。管理信息系统是高级管理人员信息系统的进一步发展，其应用范围比高级管理人员信息系统更为广泛，能够帮助管理人员了解日常业务，并进行高效的控制、组织、计划。

（四）决策支持系统

决策支持系统是通过数据、模型和知识，以人机交互的方式进行半结构化或非结构化决策的计算机应用系统。它能够为决策者分析问题、建立模型，模拟决策过程，调用各种信息资源和分析工具，帮助决策者提高决策水平和质量。它是管理信息系统向更高一级发展而产生的先进信息管理系统。决策支持系统比管理信息系统更为灵活，它允许决策者查询存储于关系数据库中的任何数据，甚至查询存储于不同计算机系统或网络数据库中的有关数据，并以多样化的格式提交给决策者和其他信息系统。它支持多种决策方法，使决策者具有极大的决策灵活性。

（五）商务智能系统

随着互联网的快速发展，在决策支持系统的基础上发展统一的商务智能系统成为必然，因为在统一的商务智能系统平台上，企业能方便地给组织内外的人员发送信息，包括员工、供货商、合作伙伴、客户等，而且随着基于互联网的各种信息系统在企业中的应用，企业将收集越来越多的关于客户、产品及销售情况在内的各种信息，这些信息能帮助企业更好地预测和把握未来。在决策支持系统的基础上进一步发展起来的商务智能系统能够向用户提供更为复杂的商业信息，可以更为方便地定制各种图表，能够向行政管理人员、技术人员和普通员工提供个性化的多维信息，从而使企业分析处理信息的能力大大提高。例如，当想了解销售情况时，企业用户通过该系统可以得到按产品、产品/地区、产品/地区/客户分类，或按网上销售和正常柜台销售分类的各种样式的分析报告。在此基础上，该系统可以进一步解决企业决策时需要了解的各种问题，并帮助企业更快、更好地做出决策。

此外，随着企业的信息化升级，企业越来越重视对有价值的数据的利用，数据资产的观念正在进入企业的资源规划系统中，而把数据转换为资产的方法和技术也正在成为计算机技术领域的热点。目前，大部分大、中规模的企业都有着丰富的信息，而一个信息丰富的组织的绩效不仅依赖于产品、服务或地点等因素，更依赖于知识。把数据转换为信息，再把信息转换为知识并不是一个简单的过程。商务智能系统的本质正是把数据转化为知识，致力于知识的发现和挖掘，使企业形成自己的数据资产，并给企业带来明显的经济效益，减少企业经营过程中不确定性因素的影响，使企业获得新的竞争优势。

二、商务智能的应用价值

目前，无论是在国内市场还是在国外市场，各行业都面临着激烈的竞争。正确、及时决策是企业生存与发展的关键。越来越多的企业管理层开始认识到，只有充分利用、发掘其现有数据，才能获得更大的收益。商务智能在挖掘业务数据的潜在价值、支持企业进行正确的管理决策方面具有其他技术和应用无法比拟的优势，能使企业信息化价值得以升华。美国一家公司调查发现：企业竞争优势的大小，在一定程度上取决于其在收集与分析数据、制定和执行决策等方面所花时间的多少。一般情况下，企业活动要经过收集数据、分析数据、做出决策和决策执行等阶段。企业如果有效应用了商务智能，便可以大幅度缩短前两个阶段的时间，把主要精力放在后两个阶段上。商务智能的应用价值具体体现在以下几个方面：

（一）经营分析

应用商务智能的经营分析功能，企业能够简便、快捷地制定各种成本收益报表，对不同的业务活动进行成本核算，深入分析经营问题，改进经营方法，从而降低成本，提高收益。

经营分析包括经营指标分析、经营业绩分析和财务分析三部分。

经营指标分析是指对反映企业经营状况的一连串数据，如总资产周转率、应收账款周转率、存货周转率、营业周期等进行搜集和分析，再利用商务智能技术，形成一个能反映企业整体经营情况的数学模型。

经营业绩分析是指对各部门的营业额、销售量等进行统计，在此基础上，进行同期比较分析、盈亏分析、各种商品的风险度分析等。经营业绩分析有利于企业实时掌握自身的发展和经营情况，同时有利于企业及时调整经营业务、化解经营风险。

财务分析是指对企业会计核算和报表资料及其他相关资料中的利润、费用支出、资金占用及其他具体数据进行有效分析。财务分析可以使企业及时掌握自己在资金使用方面的实际情况，为及时降低企业成本提供数据支持。

（二）市场营销策略制定

商务智能技术能帮助企业构建商业模型，使其确定合适的营销策略。某快餐企业的发展，便得益于其运用商务智能技术制定的市场营销策略。不同的顾客有不同的选择，该快餐企业利用商务智能系统对不同顾客选择产品的数据进行收集和分析，发现相当多的顾客在购买汉堡包时也会点上一杯可乐，而且有一定数量的顾客在购买薯条的同时会配上一份鸡翅。根据这些顾客的消费习惯，该快餐企业推出了相应的特价套餐。事实证明，特价套餐举措是成功的，既吸引了顾客的注意力，又提升了顾客对品牌的忠诚度。

（三）风险管理

在银行、保险和电信等领域，商务智能可以识别潜在的问题，给出存在欺诈行为的用户特征。例如，银行可以应用数据挖掘技术对客户进行信用评级，发现用户贷款过程中的欺诈行为特征，从而设置有效的预警机制，为银行降低风险、减少损失。电信企业也可以运用商务智能技术对重大事件、重点业务进行动态跟踪和监控，及时发现业务收入下降的原因，把控风险因素，避免更大的损失。

（四）战略决策支持

商务智能可以缩短企业决策者收集数据、获取信息所花费的时间，加快决策进程，使正确的信息在正确的时间流向决策者。在经营分析的基础上，对各类数据、信息进行高度的概括和总结，然后形成供决策者做出战略决策时可参考的企业经营状况分析报告，是商务智能的优势所在。

（五）绩效管理

商务智能技术能够从企业的各种应用系统中提取出各种基础绩效指标与关键绩效指标。为了考核员工的绩效，企业管理人员可以先对希望员工做的工作进行量化，然后借助商务智能工具，追踪、衡量和评价员工的工作绩效，引导员工的思想方向和行动方向与企业的整体目标保持一致。

（六）提高市场响应能力

借助商务智能，企业还可以预测市场变化，精简决策流程，确定需要改进的环节，以适应外部环境的变化，提高市场响应能力。根据全球最大的上市咨询公司埃森哲（Accenture）对高绩效企业的调查可知，不少领先企业已经投资构建强大的商务智能系统。这些系统成为企业提高市场响应能力、制定成功战略的重要工具。

第三节　商务智能的系统架构
和主要构成

一、商务智能的系统架构

从系统的体系结构的角度来看，商务智能系统一般由数据仓库（data warehouse, DW）、联机分析处理（online analytical processing, OLAP）、数据挖掘、数据备份和恢复等部分组成。

商务智能系统是一系列的概念、方法和过程的集合体，通过这些概念、方法和过程，企业能从数据库中提取有用的信息，以更好地进行决策。商务智能系统的层次架构可划为数据层、技术层、分析层、展示层、决策层 5 个层次，如图 1-1 所示。

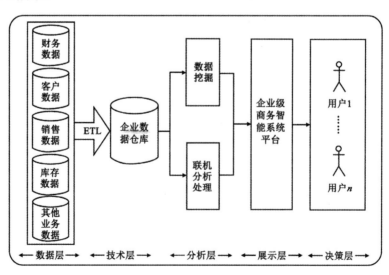

图 1-1　企业级的商务智能系统的层次架构

数据层：确保从企业搜集到的财务数据、客户数据、销售数据、库存数据、其他业务数据是真实有效的。

技术层：企业通过抽取、转换与加载将数据层的原始数据集成到数据仓库中，将不同部门的异构数据进行整合，以待进一步分析处理。

分析层：系统需建立良好的模型库、知识库、方法库、数据库、图形库，从数据仓库中分析和挖掘出有价值的信息，转化为用户能理解的知识，以充分展现企业级商务智能系统的智能分析功能。

展示层：企业可通过查询报表制定关键绩效指标，进行绩效管理等工作。

决策层：用户运用系统所提供的分析结果，将战略决策用于指导具体的行动，这体现了商务智能系统的价值。

二、商务智能的主要构成

商务智能一般由数据仓库、联机分析处理、数据挖掘、数据备份和恢复等部分组成，它的实现涉及软件、硬件、咨询服务及应用。其基本体系包括数据源、数据仓库、元数据管理、数据处理、系统管理、访问工具、决策支持工具几个部分。

（一）数据源

数据源，顾名思义，就是数据的来源。数据是商务智能系统的基础，它可以是企业日常运作积累下来的各类业务数据，如由企业的各种应用系统、办公自动化系统（office automation system, OAS）等产生的业务数据、文档等；也可以是外部的数据，如来自同行业其他公司或互联网的各类统计数据等。这些数据在存放方式、存放格式、存放地点上是多种多样的。

（二）数据仓库

数据仓库概念的公认提出者比尔·恩门（Bill Inmon）对数据仓库的定义是：数据仓库是一个面向主题的、集成的、稳定的、包含历史数据的数据集合，它用于支持管理中的决策制定过程。与其他数据库应用不同的是，数据仓库更像一种过程，是对分布在企业内部各处的业务数据的整合、加工和分析的过程，即从多个数据源收集信息，以一种一致的存储方式保存所得到的数据集合。

数据仓库的一个目的就是把企业的信息访问基础，从一种非结构化的或发展中的环境改变成一种结构化或规划良好的环境。数据仓库中的数据包括经过处理的业务数据和元数据。

例如，在银行的业务系统中，一般都有对私（个人储蓄）、对公（企业储蓄）、信用卡等多种业务系统。它们都是面向相关业务应用设计的交易处理系统，主要任务是完成业务交易过程中的数据处理。这些系统的设计都是独立进行的，因此可能在不同的平台上运行，相互之间没有什么关系。各系统之间在相同的业务信息上还存在数据冗余的现象，如每个系统中都会有客户的数据，这种数据的零碎和冗余，使决策者很难从这些业务系统中直接获取全面的信息。因此，银行在建立数据仓库时，要把各个相关业务系统中的相同数据抽取出来，转换、消除数据的冗余，并将转换过的数据加载到数据仓库中。

（三）元数据管理

一个数据仓库需要容纳和整合成千上万的信息内容，内容的多样性使数据仓库的数据结构异常复杂。想简单地用一种方式来描述一个数据仓库的内容和结构是不可能的，因而在从开发到运行维护的整个数据仓库生命周期中，如何描述数据仓库中的"东西"，成了一件非常重要的事情。

元数据通常被定义为"关于数据的数据"，它是描述和管理数据仓库自身内容、表示数据项的意义及其在系统各组成部件之间的关系的数据。实际上，数据仓库所提供的"统一的企业级的信息视图"，主要是靠元数据来体现的。

从广义上来讲，元数据能用来描述数据仓库内的任何东西——无论是一个表、一个商业规则，还是数据仓库内部的数据转移。

元数据管理的主要目标就是使企业内部元数据的定义标准化。元数据贯穿整个数据仓库项目，所有数据处理环节必须最大化地参照元数据，这样才能保证数据仓库项目不会因为不断增长的、多样性的数据而失去秩序。合理管理的元数据能有效地描绘出信息的关联性，从而大大降低数据仓库后期的维护和运营成本。

（四）数据处理

数据处理主要指对数据的抽取、转换和加载。数据处理用来描述将数据从来源端经过抽取、转换、加载到目的端的过程。该过程较常出现在数据仓库中，但其对象并不限于数据仓库。

（五）系统管理

系统管理包括系统安全管理（用户身份验证和权限管理）、元数据的管理与更新、数据仓库的日常维护与监控、数据使用审计和容量规划等。

（六）访问工具

访问工具包括应用接口和中间件服务器。数据库中间件允许用户透明地访问数据仓库服务器，用于即席查询、在线分析处理和数据挖掘等。

（七）决策支持工具

由于最终企业用户的要求是多种多样的，所以不可能用同一个界面满足所有用户的信息查询需求，商务智能必须根据企业用户的特点提供不同的界面、不同的决策支持工具以满足不同用户的需求。最终企业用户对数据仓库的访问方式包括即席查询、联机分析处理、数据挖掘等。企业用户可以通过浏览器或其他前端分析工具远程或本地访问数据仓库的数据，以此为决策提供依据。

第四节　商务智能的用户和核心技术

一、商务智能的用户

商务智能的用户主要包括高层决策者、数据分析专家、中下级经理和业务人员等。不同层次的用户对商务智能的需求有着明显的差异。

（一）高层决策者

高层决策者需要了解业务的总体情况和总的发展态势，包括业务的状态和构成（生产、销售、市场营销、客户支持等）。高层决策者不仅要使用商务智能系统提供的分析工具发现问题，还要根据分析结果进行决策。

（二）数据分析专家

数据分析专家需要更加深入地从数据仓库中发现问题和市场机会及风险，需要及时把发现的结果报告给高层决策者。数据分析专家通常对商务智能数据有较高的要求。

（三）中下级经理和业务人员

中下级经理和业务人员通常关心的是与各自工作相关的内容，更常使用商务智能系统中的报表和固定的数据查询功能。

表 1-1 对不同的商务智能用户进行了对比。

表 1-1　商务智能用户对比

用户类型	角色	需求	分析方法	前端工具
高层决策者	经理信息系统（EIS）使用者	根据不同的业务需求，通过 EIS 进行分析	趋势分析、对比分析、排名分析、意外分析	各种软件开发的 EIS、OLAP 分析工具
数据分析专家	数据分析用户	根据不同的业务要求建立不同的数据模型，对其进行随机查询；通过多维分析，进行各种高级查询	多维分析、趋势分析、对比分析、排名分析、意外分析、原因分析、假设分析	随机查询及报表工具、OLAP 分析工具
	数据挖掘用户	根据现有的数据情况，动态构建或修改模型，进行预测分析、数据挖掘等深层次操作	统计分析（预测、假设、检验等）、数据挖掘（分类、聚类分析等）	OLAP 分析工具、数据挖掘工具
中下级经理和业务人员	固定报表读者	需要阅读数据仓库定时或按条件产生的报表	查询固定报表	固定报表工具
	信息浏览者	根据不同的业务需求，对数据进行简单的查询、分析，产生动态报表	自查询动态报表	即席查询及报表工具

二、商务智能的核心技术

商务智能将数据仓库技术、联机分析处理技术、数据挖掘技术、信息可视化技术等结合起来应用于商业活动中，实现了技术服务于决策的目的。

（一）数据仓库技术

随着互联网的兴起与飞速发展、企业信息化程度的逐渐提高，企业的信息和数据与日俱增，各个企业的数据库需求已经从数据管理阶段发展到数据分析阶段。一个典型的企业通常包括不同的部门，如市场部、销售部、财务部和技术部等。在实际的运营过程中，各个不同部门也会使用不同的软件系统，如顾客关系管理系统、供应链管理（supply chain management, SCM）系统、财务管理系统、企业资源规划系统等，不同业务的数据便存储在不同的数据库中。这些数据之间在物理上是可以完全分离开的，可是在逻辑上也许有着这样或那样的关联。面对一个业务问题，企业经常需要利用、分析多个数据库中的数据才能得出结论。因此，企业有必要将各个现有部门的数据库整合成一个中央数据存储库。组合后的中央数据存储库要比传统的分散应用的数据库更复杂，为了便于分析，企业还需要对其中的数据进行重新整理和排列，这就需要新的数据仓库技术的支持。

数据仓库不是一种可以购买的产品，而是一个复合项目。在设计和实施数据仓库项目时企业需要得到专门的技术支持，否则会造成巨大的资源浪费。目前主要的数据仓库产品供应商包括 Oracle、IBM、Microsoft、SAS 等。各个供应商的数据仓库产品的主要特点见表 1-2。

表 1-2　各个供应商的数据仓库产品的主要特点

供应商	数据仓库产品的主要特点
Oracle	Oracle 公司的数据仓库解决方案包含了业界领先的数据库平台、开发工具和应用系统，能够提供一系列的数据仓库工具集和服务，具有多种数据分区方式、多用户数据仓库管理能力、较强的与 OLAP 工具的交互能力，以及快速和便捷的数据移动机制等
IBM	IBM 公司的 DB2 Data Warehouse Edition 是一套产品，它结合了 DB2 数据服务器的长处和 IBM 的商务智能基础设施，集成了用于仓库管理、数据转换、数据挖掘以及 OLAP 分析和报告的核心组件，能提供基于可视数据仓库的商务智能解决方案
Microsoft	SQL Server 数据库是一种关系型数据库管理系统，它提供了一系列的工具和技术，用于管理和操作大量的数据。其主要功能是数据转换服务，该服务能够将不同数据源中的数据进行转换和集成，并将它们存储到数据仓库中。另外，SQL Server 数据库还提供了强大的查询和报表工具、分析服务和数据挖掘工具等。
SAS	SAS 数据仓库适合对企业级的数据进行重新整合，支持多维、快速查询，提供服务于 OLAP 操作和决策支持的数据采集、管理、处理和展现功能

（二）联机分析处理技术

20 世纪 60 年代，关系数据库之父埃德加·弗兰克·科德（Edgar Frank Codd）提出了关系模型，促进了联机事务处理的发展（数据以表格的形式而非文件方式存储）。1993 年，科德提出了 OLAP 的概念，认为联机事务处理（online transaction processing, OLTP）已不能满足终端用户对数据库查询分析的需要，用户的决策分析需要对关系数据库进行大量计算，而查询的结果并不能满足决策者提出的需求。因此，科德提出了多维数据库和多维分析的概念，即联机分析处理。

根据 OLAP 委员会的定义，OLAP 是使分析人员、管理人员或执行人员能够从多种角度对从原始数据中转化出来的、能够真正为用户所理解的，并真实反映企业特性的信息进行快速、一致、交互的存取，从而获得对数据的更深入了解的一类软件技术。OLAP 是针对特定问题的联机数据访问和数据分析而产生的一种技术。

数据仓库最重要的特性是数据集成，而 OLAP 最重要的用途是信息数据呈现。因此，进行 OLAP 分析的前提是已有建好的数据仓库，然后利用 OLAP 复杂的查询能力，以数据对比、数据抽取和报表的形式来进行数据分析。例如，企业可以利用联机分析处理技术进行销售分析、客户分析、供应链分析、绩效分析、财务分析等。

以下是两个常见的 OLAP 数据库产品：

Click House：Click House 是一个开源的列式数据库管理系统，专注于快速查询和分析大规模数据集。它具有高性能、高可扩展性和低延迟的特点，适用于实时分析和报表生成。

Apache Kylin：Apache Kylin 是一个开源的分布式 OLAP 引擎，专为大规模数据集和复杂查询而设计。它支持高速的多维分析和交互式查询，并提供了强大的数据存储和计算能力。

（三）数据挖掘技术

数据的分析已经成为企业信息化发展到一定程度后的必然需求。在许多情况下，因为现有的数据不能通过常规的分析方式来分析，或者人们不清楚数据库系统中哪些数据可以用来服务于当前的业务，所以经常出现数据库中的数据没有得到足够的重视或者没有被充分使用的情况。如果能为企业提供一种方法，使其能在已有的海量数据中挖掘出潜在的重要信息及商业模式，那么企业将受益匪浅。数据挖掘实际上就是希望能够抓住潜在的客户，真正使商务智能为客户提供方便，给企业带来更多的利润。

数据挖掘技术基于人工智能、机器学习、统计学等技术和知识，利用各种分析工具，从大量的、不完全的、模糊的、随机的实际应用数据中高度自动化地提取出隐含在其中却非常有用的信息、模式（规则）和趋势，并对数据进行标准化、抽象化、规范化的分类、分析，从中挖掘出潜在的商业模式，提取出辅助商业决策的关键性数据。数据挖掘技术是一类深层次的数据分析方法。

通过数据挖掘技术的应用，企业可以高度自动化地分析原有的数据，发现数据之间的复杂联系，并做出归纳性的推理，预测客户的行为，从而调整市场策略。

随着数据挖掘技术的日益发展，许多数据挖掘的商业软件工具也在不断地更新换代，如 SAS 公司的 Enterprise Miner、SPSS 公司的 Clementine、IBM 公司的 Intelligent Miner 等。

（四）信息可视化技术

为了将分析后的数据直观、简洁地呈现在用户面前，商务智能还需要借用一些查询和报表工具来表示和发布数据。目前，越来越多的数据分析结果是以可视化的形式表现出来的，信息可视化技术的重要性逐渐凸显。

信息可视化技术是指以图像、虚拟现实等易为人们辨识的方式来展现原始数据间的复杂关系、潜在信息以及发展趋势的技术手段。例如，使用 SAP 公司的水晶报表等可视化查询和报表工具，可以将分析后的数据直观、简洁地呈现在用户面前，最大限度地满足决策者的需求。

信息可视化技术的应用，可以使用户在短时间内理解相关的数据；将数值数据翻译为视觉图像，有助于人类的眼睛在数字中挑选出模式。

第五节　商务智能的实施流程
和发展趋势

一、商务智能的实施流程

从企业信息化建设的全局角度讲，商务智能并不是一个独立的系统，它以其他业务系统的数据为基础，通过一系列的技术手段来提升企业的决策能力。商务智能可以在企业的信息化建设形成一定规模时实施，也可以在只建设了一个单系统时实施。在真正实施商务智能的过程中，企业要想尽快达到理想目标，就要注重其实施流程及应用策略。商务智能的实施流程如图1-2所示。

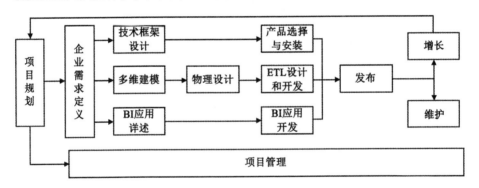

图1-2　商务智能的实施流程

（一）项目规划阶段

企业在准备应用商务智能系统之前，需要进行项目规划，评估企业本身是否具备应用商务智能系统的条件，确定商务智能系统的规模和范围，规划各种资源。企业应当考虑什么时候是该应用商务智能系统的阶段，当前最迫切需要解决的问题是什么，商务智能系统的投资回报率或投资效益如何，在财力上能否支持商务智能的实施。

（二）需求定义阶段

商务智能系统的设计者应该了解企业的需求并将这些需求转化为**系统需**求。一个商务智能项目能否成功的关键在于在其具体的实施过程中，是否能够为商务决策提供支持，能否满足企业的需求。

（三）系统设计阶段

在完成需求定义的基础上，企业可同时进行技术框架设计、数据设计以及商务智能应用设计。技术框架设计是指建立一个技术框架，将各种相关技术进行整合；列出一系列的商务智能相关产品，通过一定的标准，对这些产品进行评估，帮助企业选择并安装合适的产品。数据设计是指先将企业需求转化成多维模型，再根据多维模型设计物理模型，最后进行数据抽取、转换、加载设计，建立实际的数据仓库。商务智能应用设计是指根据企业用户数据分析方面的需要，设计一系列功能模块，提供查询与报表、OLAP 分析和数据挖掘等工具，使企业用户能够方便地访问所需的数据，并进行相应的处理。

（四）系统发布阶段

在系统发布阶段，企业将商务智能系统提交给用户使用，同时给用户提供必要的技术支持与培训。用户在使用之后针对使用过程中的问题提出改进意见。

（五）系统维护阶段

对商务智能系统进行维护，如果有新的增长需求应及时调整，出现错误等应及时更正。该阶段为用户的系统的正常运行提供保障，并为未来系统升级做准备。

（六）项目管理阶段

企业在商务智能系统的应用过程中必须从系统工程和科学管理的角度出发，建立健全项目管理体系和运作机制，确保商务智能项目的成功实施。其中包括制定明确、量化的商务智能应用目标，对相关人员进行商务智能等现代管理知识的培训教育，引入企业管理咨询，进行商务智能项目需求分析，开展企业管理创新，实行业务流程重组，实行商务智能项目监理制和商务智能项目评价制等。

二、商务智能的发展趋势

商务智能作为企业信息化的高端产品，已经被越来越多的企业管理者接受，商务智能的未来颇受关注。未来，商务智能的发展将呈现以下趋势：

（一）"云端部署＋移动商务智能"将成为主流

随着云计算的快速发展和普及应用，以云计算为基础的商务智能应用和在线服务将成为全新的商务智能部署的主流方向。目前，Oracle、Arcplan、Jasper等已建设了支持云计算的商务智能平台。移动互联网时代已经来临，移动商务智能将实现随时随地的数据查询与分析，其应用前景不容忽视。移动商务智能融合了计算机技术、通信技术等，突破了时间和空间的限制，企业高层和基层员工均可将移动商务智能作为辅助决策的有力工具。通过使用移动终端设备，用户能够随时随地获取所需的业务数据，完成独立的分析与决策。

移动商务智能重在体验，它是传统商务智能的扩展应用，它具有传递及时、使用便利、不受时空限制等特征。

（二）可视化分析成为通用语言

传统的报表和图报展现已经不能满足用户的需求，数据仪表盘、数据驾驶舱以及基于地图的数据展示等以可视化和个性化数据展现为目标的工具日趋流行。原有的数据可视化技术同时拥有数据处理和数据展现的功能，新型的数据可视化工具在具有这两项功能的基础上，还必须具有交互功能。

（三）操作型商务智能的应用将得到快速发展

目前，商务智能技术不仅仅被用于企业高层管理者的决策分析过程中，还被用于普通员工的日常工作流程中，直接推动业务的执行。商务智能系统与业务系统的数据联系将更加紧密，操作型商务智能在银行、证券、电信、零售、电子商务等领域将得到快速应用。

（四）数据分析将从简单走向深入，真正为决策服务

随着业务需求的不断深入，商务智能应用中的简单报表和自定义报表已经不能满足企业发展的需求，更深层次的联机分析处理应用越来越受到用户的青睐。通过联机分析处理技术，商务智能的数据分析将从简单走向深入，真正为决策服务。

（五）数据集成应用将得到更为广泛的重视

一些大型企业往往有几十个甚至几百个信息系统，企业要想高效地挖掘出其中有商业价值的信息，就要将这些数据整合到数据仓库中。在这个过程中，系统兼容性好、开发效率高、处理性能好，能够捕捉数据的变化并处理增量数据的数据集成应用将得到更为广泛的重视。数据集成应用是建立实用的数据仓库的关键，而且数据集成应用的工作量占商务智能应用中总工作量的一半以上，越是大型的企业越重视数据集成。

（六）中小企业的商务智能应用将逐步扩大

尽管大部分中小企业信息化管理起步较晚，但其随着时代的进步越来越注重自身在商务智能方面的发展，越来越多的中小企业已经意识到信息化的重要性和迫切性。我国中小企业逐渐表现出对商务智能应用的旺盛需求，很多厂商发布了专门针对中小企业的商务智能产品，如 Cognos Express 等，中小企业市场是商务智能应用市场非常重要的组成部分。

（七）多种经营模式同时出现

目前，软件公司经常采用的模式有两种：一种是 SaaS（software as a service，软件即服务）模式，它是基于互联网提供软件服务的软件应用模式，软件免费用，只收服务费用；另一种是软件租赁模式，即软件公司把软件出租，免费提供服务，只收取租赁费。

第二章 动态联盟的 Web 商务智能决策支持系统和商务智能中心

第一节 动态联盟的 Web 商务智能决策支持系统

一、动态联盟的含义

动态联盟，即战略联盟，是为了快速响应某一市场机遇，同一产品涉及的不同企业通过互联网信息技术，临时组成的一个没有围墙、超越空间约束、靠计算机网络联系、统一指挥的合作经济实体。

动态联盟是实现全球化敏捷生产的组织形式，通过利益共享和风险共担来实现企业间的精诚合作，是一种联合竞争、共同盈利的合作机制。

此经济实体随着市场机遇的存亡而聚散。

动态联盟的实质是突破企业的有形界限，延伸企业的功能；其策略是充分利用外部资源，减少投资风险，加速实现市场目标；其目标是对企业外部资源优势进行整合，实现聚变，创造出超常的竞争优势；其手段是计算机网络技术。

商务智能是随着互联网的高速发展和企业信息化的不断深入而产生的。对商务智能中数据仓库技术、联机分析处理技术和数据挖掘技术等的有效运用，可以帮助动态联盟的决策者对企业信息进行科学、合理的分析和处理，为决策提供可靠的依据。

二、Web 商务智能的含义

Web 商务智能（web business intelligence, WBI）是指运用现代信息技术，对网络上各种信息资源进行智能化收集、清洗、存储、分析，进而产生报告的方法。

WBI 包括内容获取和知识发现两个方面。

（1）内容获取。内容获取是指将各种有用资源纳入 WBI 系统，这些资源包括内部的资源和外部的资源。

（2）知识发现。知识发现是对收集到的数据进行归类，利用数据挖掘技术从整合好的信息中提取知识，最终将形成的知识以不同的可视化的方式提供给相关人员的过程。

三、WBI 决策支持系统及其在动态联盟决策管理中的应用和发展

（一）WBI 决策支持系统的概念

在今天，环境变迁（如技术变迁、竞争对手变迁、客户变迁等）速度日渐加快，过去那种经过人为分析后拍脑袋决策的方法已经满足不了现实的需要，动态联盟必须能够在恰当的时机做出正确的判断，WBI 决策支持系统便能很好地解决这一问题。

决策支持系统（decision support system, DSS）是针对某一类型的半结构化或部分非结构化的问题，通过提供背景材料、修改完善模型、列举可能方案、

进行分析比较等方式，为管理者做出正确决策提供帮助的人机交互的信息系统。随着企业问题的日益复杂化，传统的 DSS 已经不能满足新时代发展的要求。AI（artificial intelligence，人工智能）技术发展之后，许多 AI 技术如机器学习、知识表现、自然语言处理、模式识别等都被融入 DSS 中，传统的 DSS 开始逐步向智能型的 DSS 发展，智能决策支持系统应运而生。

智能决策支持系统（intelligence decision support system, IDSS）是在决策支持系统的基础上集成人工智能中的专家系统（expert system, ES）而形成的。IDSS 是界面友好的交互式人机系统，储存有丰富的知识，具备强大的数据信息处理能力和学习能力，能通过逻辑推理来解决复杂的决策问题。

随着网络技术的飞速发展，IDSS 在商业中的应用越来越广泛，尤其是互联网技术和数据挖掘技术的不断创新，极大地扩大了 IDSS 的应用范围，并逐步形成了新的决策系统——WBI 决策支持系统，即 WBIDSS。

WBIDSS 把人工智能、决策支持系统、数据挖掘技术和 Web 技术等与传统的计算机管理系统结合起来，实现了商务管理的集成化、智能化、网络化和协调化，使使用该系统的决策者可以很容易地访问网络数据，进行查询和分析等工作，进而改变企业的决策方式，提高企业的市场竞争力。Web 技术为动态联盟提供了新模式的决策支持，它使得用于分析、决策的数据不再受时空的限制，可以覆盖网络上的不同地区的企业。

（二）WBIDSS 的特点

数据仓库技术以及基于 Web 的数据挖掘技术的引入是 WBIDSS 区别于一般 IDSS 的关键特征之一。WBIDSS 的目标是在局域网、广域网乃至万维网上实现决策支持。强大的 Web 使得 IDSS 摆脱了地域和开发成本方面的限制，使企业有了更广阔的数据基础和更好的发展平台。WBIDSS 具有以下特点：

（1）具有庞大的信息资源库，具备多源数据信息处理能力。在企业所处环境日益复杂的情况下，充足、准确的数据信息和高效率的决策工具是以更低的成本、更加快捷的方式及时做出科学决策的前提与保证。WBIDSS 是辅助决策过程的理想的载体之一，它提供的智能搜索信息与自动挖掘知识的功能将使决策者在短时间内获得一定数量的可利用的信息。

（2）提供了多方即时集群的决策处理平台。企业边界的拓展使得企业活动涉及的人员呈分散甚至流动状态，很多决策需要多方的共同认可。WBIDSS提供了多方同时调用决策所需信息的平台，使得信息尽量对称；同时，WBIDSS能够实现决策者之间的远程协商。强大的信息库和知识库、智能的知识挖掘以及安全高效的实时控制与远程通信系统，使得 WBIDSS 可以真正实现多方远程协作的广域集群决策。

（3）能够实现界面友好的客户端管理。当用户向系统输入参数或请求信息时，WBIDSS向用户展示的是图形用户界面，其客户端管理更加友好，同时系统的响应速度加快，维护和管理过程简化，系统的应用范围得到扩展。WBIDSS既可以是通信驱动、数据驱动、文件驱动、知识驱动、模型驱动，也可以是混合型驱动，通过客户端 Web 浏览器向管理者或分析者提供决策支持信息或者决策支持工具。

将决策支持系统与人工智能技术和互联网相结合，大大提高了传统决策支持系统的灵活性和可扩展性。结合数据挖掘技术、知识发现技术、模糊处理技术和超文本远程通信技术等，WBIDSS 成为学习能力和适应能力较强的交互式人机系统，也成为当前决策支持系统的主流发展模式。

（三）WBIDSS 在动态联盟决策管理中的应用及发展

WBIDSS 在对环境和经营状况进行分析的基础上，对各类数据、信息进行高度的概括和总结，然后形成供动态联盟决策者进行战略决策时参考的各类分析报告，甚至通过专家辅助决策系统共同参与最终决策。

WBIDSS 对动态联盟战略决策的支持，分别表现在对动态联盟战略性决策支持、职能性决策支持和操作性决策支持三个层面上。在战略性决策支持层面上，WBIDSS 可以根据联盟各战略业务单元的经营业绩和经营定位，利用外部环境（市场、竞争对手、政策、技术发展等）数据信息，通过智能系统的参数设定和数据提取，带入模型分析，从而产生一些合理的联盟战略规划；动态联盟决策者可以从中筛选出满意的动态联盟战略，如投资组合战略等。在职能性决策支持层面上，由于 WBIDSS 中集成了更多的外部数据，如行业信息、伙伴信息等，动态联盟可据此系统得出适合自己的竞争战略，改进采购物流系统，做出合理的市场选择。在操作性决策支持层面上，由于来自联盟内部数据库的各种信息源源不断地通过 Web 或 Intranet（内联网）输入各操作单元，因此联盟成员可以及时了解库存、生产进度、生产质量等信息，从而为本单位的具体操作制定策略。

动态联盟决策涉及的范围很广，各层计划、产品策略、流程设计、发展战略、体制结构、人力资源安排、各种业务过程和运作等都属于决策范畴，其中有结构化决策问题、半结构化决策问题和非结构化决策问题。针对不同层次、不同结构的决策领域，WBIDSS 提供了不同的智能分析模型和代理系统，并通过友好的人机界面将结果展示在各层次的决策者和分析师面前，为最终决策提供强有力的支持。

WBIDSS 借助计算机强大的运算能力与人工智能的智能分析，结合分析师灵活的分析判断能力，为动态联盟解决半结构化与非结构化的决策问题提供了有力的支持。

伴随着商务智能应用的深入，动态联盟 WBIDSS 将向以下方向发展：

（1）与网络技术的结合更加紧密。动态联盟是一个跨地域、多群体的决策集合体，因而借助先进的网络技术构建一个有效的群体决策系统以显示群体的相互作用是十分重要的。

（2）将形成更为友好的人机界面。现有动态联盟 WBIDSS 的人机界面存在很多难操作、难理解的环节，在可视性上也存在很大的局限性。未来 WBIDSS 的人机界面将向超媒体、语言识别、合成系统和可视化界面等方向发展，极大地增强系统的功能性和操作上的友好性。

（3）多系统的相互融合。目前，动态联盟 WBIDSS 内存在越来越多功能单一的应用系统或者多功能的独立系统，如供应链管理系统、客户关系管理系统、企业资源计划系统等。这些系统都具有一定的智能性，能够为联盟各个层面的决策提供一定的支持。WBIDSS 的发展不是要脱离这些已有系统，而是要结合并集成它们，构建起更为全面的整合平台。

（4）在综合性增强的同时，标准化模块逐步完善，系统将繁中有简。融入 WBIDSS 的技术将逐渐增多，其综合能力将不断提高。同时，它的开发也不是某个部门、某个成员就能轻易完成的，需要多部门、多联盟成员间合作完成。因此，开发标准化的系统组件模块、降低系统结构组合集成的难度也是动态联盟 WBIDSS 发展的一个重要方向。

（5）系统柔性和可调性增强，个性化程度提高。任何系统都需根据环境变化进行调整。目前开发的各动态联盟 WBIDSS 仍具有很大的冗余性，未来的动态联盟将根据自身特点和需求，实现 WBIDSS 功能与支持方式的多样化和个性化。

第二节　动态联盟商务智能中心

动态联盟成员建立动态联盟的最终目的在于快速开发某种产品或提供某种社会服务，提高联盟成员的市场竞争力。动态联盟总体目标的实现要求各联盟成员之间不仅有信息的集成、知识的集成、资源的集成、资金的集成，而且需要有统一的决策协同机制。然而，动态联盟中所存在的组织不稳定、合作关系难以管理、协调控制存在障碍、成员之间沟通不畅、制度不健全和机会主义行为倾向等问题，严重影响着动态联盟商务决策的协同性、科学性和有效性。因此，构建商务智能中心是解决动态联盟决策协同问题的一种有益尝试。

一、动态联盟商务决策所面临的挑战

在信息经济时代，动态联盟内外部环境的急剧变化和多种因素的共同影响，使动态联盟的商务决策面临多种挑战。

（1）决策的全面性问题。企业动态联盟的形成历经多个时期，每个时期都存在决策问题，而且不同时期的决策任务也不尽相同。

（2）决策的多样性问题。企业动态联盟管理中典型的决策包括企业目标决策、与伙伴选择有关的决策、与企业运行有关的决策、资源配置与优化决策、利益风险管理与控制决策等。受多种因素的制约，决策形式、决策目标和决策方案呈现出多样性的特点。

（3）决策的复杂性问题。动态联盟中参与决策的各个成员可能来自不同的区域和不同的行业，他们从各自的领域出发，希望通过统一的决策机制形成不同的决策方案，从而达到决策目标。而且，在商务决策过程中，潜在的可行方案一般不止一个，动态联盟各成员往往需要从众多的备选决策方案中选择适当的方案，这就决定了动态联盟商务决策的复杂性。

（4）决策的科学性问题。在知识经济时代，比竞争对手学习得更快、更多，提高协作与创新能力是企业赢得市场的重要途径。这就需要动态联盟组织的管理重心从组织工人生产向管理信息转变。动态联盟中的商务活动大部分都是跨企业、跨部门、跨地区的，每一个决策者不可能掌握所有与决策有关的信息，因此可以说，决策者在决策过程中得到的信息是不完备的和模糊的。在处理难以定量分析的问题时如何得到更加完备和明确的信息，如何使用知识工程与专家系统的方法、工具实现决策支持的集成化、智能化和科学化是摆在动态联盟决策者面前的难题。

（5）决策的时效性问题。随着全球经济一体化的加强，企业在决策时必须面对信息量的激增和环境不确定性等因素所带来的挑战。怎样从大量的数据中迅速发现其背后隐藏的信息和知识，是企业动态联盟必须面对的问题。

（6）决策的可靠性问题。企业动态联盟是由拥有不同知识结构、不同经验、共同责任的企业组成的群体决策组织，在决策过程中会出现一些半结构化和非结构化问题，群体容易产生通信障碍，企业及组织的群体决策质量有待提高，商务决策的可靠性有待加强。

（7）决策的协同性问题。本质上，动态联盟是一个供应商、分销商、服务提供商等利用网络技术寻求合作的共同体，是一个多层次、多系统的结构。信息是动态联盟组织各成员间密切配合、协同工作的"黏合剂"。在信息集成共享和有效利用的基础上，实现动态联盟商务决策的协同是达到联盟组织总体目标的必然选择。如何提高决策的协同性也是动态联盟在进行商务决策时面临的难题之一。

二、动态联盟商务智能中心的含义

商务智能技术为动态联盟的决策提供了保障。商务智能技术能集成和分析企业数据，帮助动态联盟组织发现潜在的业务机会，进而做出更好的商务决策，提高动态联盟组织的竞争优势。目前，全球许多行业内部竞争环境的改变使得企业对商务智能的要求更高，商务智能的应用范围正在逐渐扩大，许多大型公司已经充分运用商务智能技术来进行决策了。

商务智能中心（business intelligence center, BIC）是以商务智能为基础，以动态联盟的盟主企业为核心，以促进动态联盟总体目标实现为前提，对内在联盟成员中起决策支持、协调和管理作用，对外作为联盟利益代表的组织单元。从某种意义上讲，动态联盟 BIC 是人力资源、IT（information technology，信息技术）资源、无形资源和管理体系等的集成。BIC 是动态联盟组织的 IT 能力中心、信息共享中心、组织协调中心和决策中心。

三、动态联盟 BIC 的特征和性能要求

（一）动态联盟 BIC 的特征

（1）动态联盟 BIC 是以动态联盟的盟主企业为基础进行构建的。BIC 在动态联盟中的位置设定有一定的讲究。如果 BIC 设置的位置太低（如处于动态联盟某成员企业内），动态联盟就会面临失去广阔视野的风险。因此，BIC 应设置在盟主企业内。盟主企业是动态联盟组织的灵魂，联盟组织的一切活动都由它发动、组织和协调。联盟成员中的供应商、制造商、分销商、项目承包商和服务提供商等通过网络技术，实现与盟主企业的信息交流。

（2）动态联盟 BIC 实现了商务智能技术、企业应用集成（enterprise application integration, EAI)技术的融合。商务智能技术主要包括数据仓库技术、数据挖掘技术、联机分析处理技术等；EAI 技术主要包括供应链管理（SCM）、企业资源计划（ERP）、客户关系管理（CRM）、产品数据管理（PDM）、知识管理（KM）、工作流管理（WFM）等。

（3）动态联盟 BIC 为企业动态联盟业务实施提供决策支持。企业动态联盟运营中所涉及的主要实时决策有选择动态联盟成员的决策、产品研发决策、材料采购决策、产品生产决策、库存决策、产品营销决策和风险管理决策等。

（4）动态联盟 BIC 是对联盟组织成员不同管理体系、不同管理理念、不同企业文化、不同价值观的整合。

（5）动态联盟 BIC 是一个智能体系统。智能体是用来完成某类任务，能在一定环境中自主发挥作用、有生命周期的计算实体。它不是在一个一步到位的静态模式中模拟智能，而是在带有过程性的、动态连续的进程中发展智能。它具有自主性、自适应性和可信赖性等特点，并且具有通信能力、协作能力、推理能力等。

（二）动态联盟 BIC 的性能要求

BIC 是将盟主与各个成员连接起来的通信桥梁，使各个成员不仅能够处理各自的内部信息，而且可以通过 BIC 共享其他成员的信息。这就决定了动态联盟 BIC 的性能需要满足如下要求：

（1）可扩充性。动态联盟在运作过程中，要具有把握市场机会的能力，如果找到了新的合作伙伴，则动态联盟 BIC 在满足原来成员之间合作的同时，可以适时地加入新成员，实现动态联盟的扩充。

（2）远程可访问性。动态联盟中有众多成员，成员在地理位置上具有分散性，因此动态联盟 BIC 要满足动态联盟各成员在分散环境下可以通过 Internet 网络访问 BIC 的要求，实现远程信息共享。

（3）安全性。由于动态联盟组织成员的背景各不相同，成员之间的合作只限于某一方面或领域，在其他没有参与合作的业务方面还保持着高度独立性，所以动态联盟 BIC 要想保证成员之间的有效合作，避免业务上的摩擦，就必须对成员之间共享的信息和数据进行安全管理，防止数据遭到恶意破坏。在信息安全控制的过程中，盟主企业可通过用户鉴定、建立防火墙、访问权限设置和数据加密等措施保证信息安全。

（4）可配置性。动态联盟要具有灵活的市场应变能力，可以随着业务需求的变化而不断改变自身的配置，动态联盟成员之间的合作与信息共享也应随时加以调整，以适应业务上的变化。

（5）无缝集成性。动态联盟成员之间的业务合作靠高效率的 BIC 来认证。BIC 的信息要在不同的应用系统中存储、传输和加工处理，不同成员信息系统的组成结构、硬件平台、操作系统和数据库管理系统可能有较大差异，为达到动态联盟成员之间有效的数据交换和共享，动态联盟 BIC 需要对数据进行标准化处理，使之能够实现对不同联盟成员信息、资源的无缝集成。

四、动态联盟 BIC 的构成要素

动态联盟 BIC 的构成要素主要包括人力资源、IT 资源、无形资源和管理体系。

（1）人力资源。人力资源是动态联盟 BIC 最具能动性的资源。动态联盟 BIC 聚集了联盟各业务领域的专家，他们是 BIC 的重要组成部分，他们的技术知识、业务知识、战略知识、管理技能在很大程度上决定了动态联盟 BIC 战略决策的水平。

（2）IT 资源。IT 资源是动态联盟 BIC 的信息基础。IT 资源主要包括硬件资源、软件资源和信息网络技术等。其中，硬件资源包含计算机设备、服务器、网络设备等硬件产品，软件资源主要包括商务智能系统或技术等。

（3）无形资源。无形资源是联盟组织的知识与信息要素，主要包括数据库、知识库、方法库、决策模型库等，是动态联盟 BIC 最有活力和最具有独特性的构成要素，是企业动态联盟在实践中以特定方式逐步积累起来的，具有相对稳定性。

（4）管理体系。管理体系是动态联盟 BIC 的重要组织载体和构成要素。管理体系主要包含业务流程、组织结构、培训和激励制度等，该要素对动态联盟 BIC 的协调发展、积累应用起着主导作用，缺少这一要素，BIC 的功能就难以正常发挥。

动态联盟 BIC 的四个要素之间既相互区别又相互促进，共同形成了动态联盟的持续竞争优势。

五、BIC 对动态联盟决策的支持作用

动态联盟 BIC 的构建，实现了动态联盟人力资源、IT 资源、无形资源和管理体系等要素在 BIC 中的高度集成，确保了联盟成员在此环境下协同决策的

顺利进行。BIC 对动态联盟决策的支持作用主要体现在以下几个方面：

（1）BIC 促进了联盟组织成员之间的信息沟通，增强了决策过程中组织成员的参与性。BIC 对各种分散在各联盟成员内部的相关项目的管理信息进行挖掘、处理，使信息的收集及共享更简便和高效。组织成员各方的决策者和专家在动态联盟 BIC 内可以根据各自的身份和权限，按照工作流程，接收、处理、发布文档和信息，不受地域和时间限制，促进项目整体目标的实现。

（2）BIC 提供结构化决策分析技术，提高了联盟组织决策的可靠性。BIC 将通信技术、计算机技术和决策理论结合在一起，能促进具有不同知识结构、不同经验、共同责任的群体在决策过程中对半结构化和非结构化问题进行求解，提供结构化决策分析技术，创造和谐的决策环境，提高联盟组织的群体决策质量。

（3）BIC 以商务智能技术为核心，提高了联盟组织的决策效率和水平。动态联盟 BIC 通过整合海量数据信息，从多个角度和层面对数据展开深层次的分析、处理，为联盟组织决策者提供相应的决策依据，提高决策者的决策效率和水平。

（4）BIC 发挥 IT 能力，有效地支持动态联盟的全面决策。动态联盟 BIC 依靠日渐成熟的数据仓库以及数据挖掘等技术，发挥 IT 能力，有效整合联盟成员的业务流程，充分结合先进的绩效评价管理方法，监控业务活动，支持联盟组织的全面决策。

实现动态联盟商务决策的协同，是达到联盟组织总体目标的必然选择。商务智能中心以商务智能为基础，集联盟组织的人力资源、IT 资源、无形资源和管理体系于一体，为企业动态联盟提供全面、协同的决策支持，有效地解决动态联盟在信息经济时代所面临的诸多决策问题，促进企业动态联盟目标的实现。

六、动态联盟 BIC 的构建

（一）动态联盟 BIC 构建的可能性

如果说信息技术的发展推动了企业动态联盟的创建，那么 Web 技术和商务智能技术的发展使动态联盟 BIC 的构建成为可能。动态联盟 BIC 构建的可能性主要体现在以下几个方面：

（1）快速发展、即时性的网络通信技术为企业动态联盟 BIC 构建提供了虚拟运营的介质。

（2）Web 技术使 BIC 通过网上发布信息，实现动态联盟内部与外界的交流互动，成为动态联盟内部的信息中心和对外交流的窗口。

（3）管理信息系统、安全内容管理系统、全面质量管理、企业资源计划等技术的发展与运用，强有力地支持了动态联盟的协同运作，成为其构建的技术保障。

（4）集成性较好的计算机辅助设计、计算机辅助工艺设计、计算机辅助制造、产品数据管理等系统可以有效地控制和管理产品信息，为动态联盟 BIC 提供必要的计算机协同支持环境，从而实现动态联盟研发、生产与销售环节的有效连接和物流、信息流、资金流的合理流动。

（5）数据仓库技术使动态联盟 BIC 可以高效地获取数据资源，并通过数据库访问权限管理，使动态联盟 BIC 成为动态联盟的数据管理中心。

（6）数据挖掘技术和联机分析处理技术能从大量数据中筛选并分析出能给动态联盟带来竞争优势的核心数据，并将其作为动态联盟的稀缺资源进行有条件的转让和共享，从而提高动态联盟 BIC 的决策协调能力，使动态联盟 BIC 成为动态联盟的决策协调中心。

（7）动态联盟 BIC 通过实施或引入信息安全技术来提高动态联盟电子交易的安全性。

（二）基于 BIC 的动态联盟协同决策架构

构建 BIC 的实质是充分利用计算机网络和商务智能技术，为动态联盟参与各方营造一个沟通信息、协调合作和有效决策的共享环境，建立动态联盟参与各方的信息传递网络和决策支持平台。建立一个基于 BIC 的动态联盟协同决策框架（如图 2-1），有助于动态联盟 BIC 的构建。

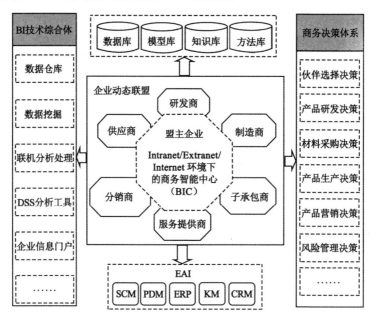

图 2-1　基于 BIC 的动态联盟协同决策架构

（三）基于 BIC 的动态联盟信息集成共享模型

1.动态联盟 BIC 的软件体系结构及信息交互层次

动态联盟 BIC 是在传统的信息技术基础上发展起来的一种动态联盟资源信息共享系统。由于动态联盟比传统企业的组织和运营模式复杂得多，因此动态联盟 BIC 在软件结构上也要求较高，且信息交互层次也比较复杂，有必要根据实际情况对软件体系结构进行选型，同时要区分动态联盟信息交互的不同层次。

（1）软件体系结构

目前，我们常见的软件体系结构是 B/S 结构，即"浏览器/服务器"结构。它是对 C/S（客户端/服务器）结构的一种改进。在 B/S 结构下，软件应用的业务逻辑完全在应用服务器端实现，用户表现完全在 Web 服务器实现，客户端只需要浏览器即可进行业务处理。

B/S 结构的主要特点是广域分布、共享性高、容易维护、便于管理和实施、成本低；但对服务器的安全性要求高、数据传输速度慢、软件开发缺乏灵活性，很难实现传统 C/S 结构下的一些特殊要求，实现复杂的应用也有一定难度。B/S 结构虽然可以利用 Java 等技术实现一些复杂的应用，但相对于发展已非常成熟的 C/S 系列应用来说，仍有很大差距。

因此，在软件体系结构选型时，动态联盟 BIC 可采用 C/S 与 B/S 混合的模式体系结构，利用 C/S 的高可靠性来构建企业应用（包括输入、计算和输出），利用 B/S 的广泛性来延伸企业应用（如查询、数据交换和共享）。采用这种结构的优点在于能利用 B/S 与 C/S 结构的优势，克服它们的不足，在保证访问者方便操作的同时也增强系统功能，使维护方便，操作简单。

（2）信息交互层次

对于动态联盟 BIC 来说，信息交互层次有以下 3 个：

①外部信息交换。动态联盟通过 Internet，一方面完成对联盟组织在不同地域的分销商、分支机构和合作伙伴的信息沟通与控制，实现对重要客户的实时访问与信息收集；另一方面可以发展电子商务，在网上进行售前和售后服务。

②内部信息交换。内联网是联盟成员进行内部信息交流的关键，因为成员企业内部的信息共享都建立在内联网之上，与外部交换信息也是以内联网的信息为基础的。所以，动态联盟建立硬件框架之后的关键工作就是决定在内联网上共享信息的形式。对共享信息的处理主要包括数据处理、统计和从信息中提炼出知识等。内部信息共享大部分要依靠由成员企业内部独立的计算机应用系统所组成的局部网络，共享信息涉及动态联盟成员内部业务信息和资源信息。

③信息的集成共享。在网络环境下，无论是联盟成员内部的信息交换或者联盟成员之间的信息交换，目的是要实现对信息的共享，通过标准化的网络应用规范，实现成员之间的信息交互，并完成信息的无缝集成，使动态联盟内外部信息集成在一个统一的 BIC 平台上。

2.动态联盟 BIC 信息集成共享模型的构建

动态联盟 BIC 是一个使联盟组织分散的基本单元、部门、成员逐步集成为联盟整体的信息智能体。假如由动态联盟盟主、供应商、研发商、制造商、分销商、子承包商和服务提供商共同组成一个动态联盟，那么在内联网、外联网和互联网环境下，以盟主企业为核心所建立的动态联盟 BIC 可以看作整个动态联盟的一个信息共享平台。在这个平台上，每个联盟成员可看成是其中一个节点，他们在组织上相互独立，在业务上又相互关联，由动态联盟 BIC 负责协调动态联盟的总体信息集成与共享管理。这种结构可以随时扩充或删除成员节点，同时也可以根据业务需要进行灵活配置。图 2-2 给出了一个基本的动态联盟 BIC 信息集成共享模型。

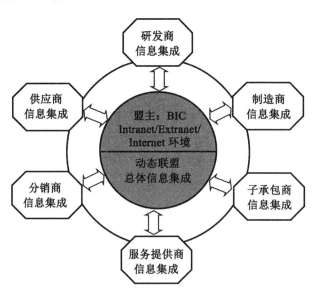

图 2-2　动态联盟 BIC 信息集成共享模型

在动态联盟 BIC 信息集成共享模型中，每个动态联盟成员都有自己的网站、Web 服务器及数据库服务器。每一个 Web 服务器里都有一个基于内联网的联盟成员信息集成模块，它完成成员级的信息集成，同时将部门级信息集成和单元级信息集成包含在里面，每个联盟成员的信息集成负责对本单位的资源信息进行管理。而盟主在 BIC 环境下，将动态联盟各个成员需要共享的信息集成在 BIC 中，形成动态联盟的总体信息集成，从而为联盟成员提供信息共享渠道，实现动态联盟内部的协调合作。

需要说明的是，联盟成员数据库和 Web 服务器的连接方式不一样。一种是直接挂在 Web 服务器上，另一种是通过信息集成模块与 Web 服务器相连。这是因为联盟内信息种类多，有些信息是公开的，可以放在网上供所有人浏览、查阅，如公司产品介绍、新闻和组织结构等；有些是非公开的，它只供联盟内具有相应权限的成员浏览、使用。

（四）基于 BIC 的动态联盟界面管理模型

1.界面和界面管理

在技术术语中，interface 即界面。在工程技术领域，界面主要用来描述各种仪器、设备、部件以及其他组件之间的接口，即当各类组件结合在一起时，它们之间的结合部分就称为界面。在企业信息管理领域，界面尚属于较新的术语。通俗地说，它主要用于描述为完成同一任务或解决某一问题，企业之间、企业内部各组织部门之间、各有关成员之间在信息、物资、财务等要素交流方面的相互作用关系。其实质就是对界面涉及方实行联结，使重要的界面关系能进入管理状态，以实现控制、协作和沟通，提高企业绩效。

在动态联盟管理中，界面的含义极为广泛。各成员不同性质、种类的资源要素联合在一起，产生了大量的集成问题，这是在动态联盟中提出界面管理的重要原因。各成员企业核心能力的耦合，都会涉及界面问题，在某种意义上，界面管理的实施效果决定着企业动态联盟运作的效果。

2.动态联盟 BIC 界面管理模型的构建

BIC 是通过商务智能技术等构建的，商务智能的科学运用将对动态联盟的顺利运营和发展产生重大的影响。商务智能能够从动态联盟的商务管理系统产生的数据中发现哪些流程是低效、残缺、散乱的，从而优化这些商务系统的流程。优化后的商务流程反过来又会促进商务智能的发展，这就形成了一个不断推进动态联盟前进的良性循环。商务智能通过帮助动态联盟完成客户划分、客户获得、交叉销售及客户保留等工作，使动态联盟的人员、基础设施集中到根据客户的需要来定制产品、服务以及与客户进行"面对面"交流方面，从而提高客户的满意度和忠诚度，为联盟赢得市场先机。商务智能系统可以从联盟大量的业务数据中挖掘出基于事实的、结论性的、可实施的信息，从而减少支出，优化联盟的价值活动，降低联盟的业务运作成本。通过商务智能系统，联盟可以掌握更多的商务信息，从而可以比别人获得更快速的反应，并且可以通过新产品的衍生孕育出新的业务，发掘更多的商机。商务智能系统可以帮助联盟及时发现市场和客户的异常情况，快速采取相应措施，从而降低企业风险，提高联盟收益。因此，基于商务智能所构建的 BIC 完全可以成为动态联盟界面管理的一个信息支撑平台。

动态联盟界面的整合主要是在联盟企业内部，为了实现共同目标，各成员需要发挥信息、资金等要素的交互作用，在这一过程中需要解决联盟各方在合作伙伴选择、跨文化管理、契约管理等方面的问题，以实现控制、协作与沟通，提高联盟的整体竞争力，达到联盟企业绩效的最优化。图 2-3 给出了一个基于 BIC 的动态联盟界面管理模型。

动态联盟的 BIC 和商务智能是动态联盟进行界面管理的核心。BIC 负责商务智能系统建设规划，信息系统的开发、维护与运行管理，并在授权的情况下，对联盟成员的经营、财务等状况进行风险管理、动态评估、智能分析与预警监控，支持成员之间、成员与 BIC 之间的实时对话，确保联盟信息传送与共享，引导联盟成员的个体行为与动态联盟的整体目标保持一致。同时，外部环境也会对动态联盟体产生影响，动态联盟可以利用 BIC 进行界面管理，选择合适的组织结构以适应复杂多变的环境，及时对外部环境的变化做出有效的反应。

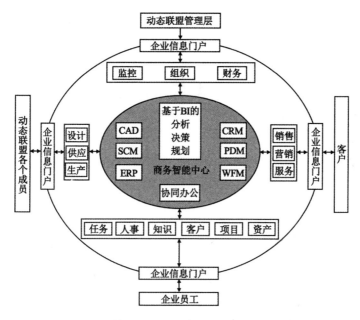

图 2-3　基于 BIC 的动态联盟界面管理模型

（五）动态联盟 BIC 构建所要关注的重点

1.BIC 环境下的信息安全

由于动态联盟自身具有分散性的特点，且其所建立的 BIC 是基于网络工作的，所以动态联盟 BIC 的信息安全会受到多方面因素的影响。例如，在基层构架上，动态联盟 BIC 的信息安全可能会受到设备质量的影响；在网络通信安全方面，其会受到病毒和黑客攻击等方面的威胁；在应用系统层面上，其存在着数据安全问题；在管理层面上，动态联盟要达到整体管理目标，除了运用相关设备和技术措施来进行安全防范，还要建立规范的制度和组织运营流程，对相关人员进行规范的操作流程培训。因此，为保证动态联盟合作的顺利进行，有必要加强对动态联盟 BIC 的信息安全管理。

2.信息标准化

动态联盟 BIC 是实现联盟成员之间业务联系和信息共享的平台。该平台中的各种信息要在不同的应用系统中存储、传输和加工处理，而动态联盟所面临的重要难题就是因系统之间不兼容而造成的信息传输受阻、数据丢失，或者因软硬件的更新或升级而造成的信息不可重复使用。为实现各种信息在不同的应用系统中的存储、传输、转换和处理，动态联盟 BIC 需要建立联盟成员之间的数据交换与共享机制，对信息的定义格式进行标准化处理，同时建立标准的数据通信接口，实现数据在不同成员企业系统之间的无阻碍传输，确保信息的交换与共享在一个开放、异构的平台上顺利进行，同时满足信息存取和操作的一致性和可靠性要求。

3.动态联盟的协同

协同也称协和、同步、和谐、协调、协作、合作。关于协同的定义，《说文解字》提到，"协，众之同和也。同，合会也"。

一般来讲，所谓协同，就是指协调两个或者两个以上的不同资源或者个体，使其一致地实现某一目标的过程或能力。协同具有广泛的含义，不仅包括人与人之间的协作，也包括不同应用系统之间、不同数据资源之间、不同终端设备之间、不同应用情景之间、人与机器之间、科技与传统之间等全方位的协同。

动态联盟是由多个独立的利益主体在合作基础上形成的联盟。成员的利益不一致、文化背景不同、信息技术发展不同步、信息不对称等，都可能导致联盟成员之间的矛盾和冲突。而动态联盟不是独立的经济主体，不能像传统企业组织那样通过行政命令来解决组织内部矛盾、以集中控制的方式来进行组织内部管理。实现动态联盟协同运作的唯一可行的方式就是协调。协调是动态联盟成员之间合作关系得以建立和发展的基础，是动态联盟管理的本质和核心。

协调是管理中的一种重要方法，动态联盟中的协调主要指组成联盟的各成员伙伴之间的协调，它能使动态联盟中的每个伙伴采用最有效的目标优化的方法，与其他伙伴一起为实现动态联盟的共同目标而努力。

动态联盟的协同具体包括组织协同和生产协同。

（1）组织协同。联盟作为一种组织模式，其生产调控系统包括生产能力平衡的调控、成本控制、质量控制等方面，是一个复合的经济控制系统。在这个系统中，每一个联盟内的合作伙伴都是一个独立的分系统，都可以根据实际的需要进行自我调节。联盟伙伴在 BIC 的统一调度和指挥下，采用并行的方式，同时进行产品某一功能模块的设计和组装，这要求各个环节衔接紧密，因为任何一个步骤的延误都会对整个产品的生产造成影响。所以，组织设计要考虑各企业的资本及债务情况、利益分配情况、风险回报策略以及解散后的善后问题等。

（2）生产协同。参与形成同一联盟的企业可能分布在不同的地方。在生产协同方面，动态联盟负责组织上游企业的供应和下游企业的需求，优化生产过程，同时将数据库中的信息数据发送给各个联盟成员，督促其加快进度，保证生产按预定的计划完成。

4.工作流管理

工作流概念起源于生产组织和办公自动化领域。随着商业竞争的日趋激烈和计算机网络技术的迅猛发展，人们需要综合的、集成化的协同解决方案。工作流是针对工作中具有固定程序的常规活动而提出的一个概念，目的是通过将工作分解成定义好的任务或角色，按照一定的规则和过程来执行这些任务并对其进行监控，来提高工作效率、实现更好的控制、优化对客户的服务、有效管理业务流程等。1993 年，国际工作流管理联盟的成立标志着工作流技术开始进入相对成熟的阶段，为了提高不同工作流产品之间的互操性，国际工作流管理联盟在工作流管理系统的相关术语、体系结构及应用编程接口等方面制定了一系列标准。

工作流管理系统指运行在一个或多个工作流引擎上，用于定义、实现和管理工作流运行的一套软件系统，它与工作流执行者（人、应用）交互，推进工作流实例的执行，并监控工作流的运行状态。

动态联盟的工作流管理系统是动态联盟组织借以在分布式工作环境中定义、执行、监督、协调工作流动的系统，它支持业务工作流程在计算机上的形式化描述。工作流技术支持动态联盟组织内以及跨组织的业务流通，将动态联盟的成员企业联系到一起，根据定义好的规则在相关部门传递相关信息，使业务流程处理更加灵活。

动态联盟工作流管理系统所要解决的主要问题是如何在多个参与者之间按照某种预定义的规则自动传递文档、信息或任务,从而实现某个预期的业务目标,或者促使此目标的实现。动态联盟成员之间的协作,如生产计划、产品设计、文件传阅等,都是典型的工作流。对动态联盟来说,生产运作中的不确定因素要求 BIC 信息系统能随时修改工作流程并及时反映到正在执行的过程中,而传统的信息系统即便能随需求变化生成新的工作流程,也很难做到在任务执行中进行动态调整,因此动态联盟 BIC 要实施协同工作流管理。

动态联盟 BIC 有必要将联盟内部和外部的资源全部整合在统一的平台上,以信息门户提供统一和个性化的访问入口,以先进和开放的平台体系融合联盟成员的各种应用,以协同的工作流程打通联盟运作的各个环节,使资金流和知识信息流等无阻碍地流通。动态联盟 BIC 不仅要实现联盟内部各组织、各部门人员的协同,还要将联盟外部的客户和其他合作伙伴纳入 BIC 管理平台,以创建一个紧密结合、共同运作、动态调整的大协同环境体系。联盟内部和外部用户只需要使用浏览器就可以得到自己需要的数据分析报表及业务决策支持信息,从而快速做出反应。

动态联盟 BIC 使用工作流管理可以达到以下目的:

(1)在正确的时间把工作分配给成员企业。通过 Internet,各个成员企业可以动态地分配到适合各自的特点的工作。

(2)辅助活动的执行。工作流引擎的一个关键部件是工作表处理器,它给每一个参与者制作了一个活动列表,参与者可通过列表确定活动的优先次序。任何一台装有浏览器的工作站都可以访问工作流引擎,参与辅助任务的执行。

(3)监视和警告。工作流引擎可以为每一个过程定义最后的期限并进行监视,同时通过不同方式避免工作完成时间超过最后的期限,如向管理者发出警告,改变活动的先后顺序,或者改变过程内部的执行路径等。

BIC 工作流平台既可作为动态联盟核心的 IT 支撑平台,又可作为动态联盟进行流程重组、业务流程优化的重要工具。因此,工作流管理在动态联盟 BIC 中的运用,理应得到高度重视。

第三章　基于商务智能的
动态联盟信息管理

第一节　电子商务环境下的
动态联盟 BIC 信息安全管理

伴随着 Internet 的应用和电子商务的迅猛发展，动态联盟的信息安全已受到来自计算机病毒、网络黑客、计算机系统自身脆弱性等方面的严峻挑战。因此，如何建立一个安全、便捷的商务智能系统环境，给信息提供足够的保护，推动动态联盟组织的成功合作以及目标实现已成为动态联盟组织高度关注的问题。

一、电子商务环境下进行动态联盟 BIC 信息安全管理的原因

（一）动态联盟 BIC 目标导向层次结构的要求

动态联盟可以实现信息资源的有效共享，使动态联盟合作效率大大提高。动态联盟信息资源共享是利用商务智能技术等信息技术，在对不同联盟成员的信息、资源进行优化重组的基础上进行的。

　　动态联盟在满足成员间网络互联的基础上，通过 BIC 信息共享和信息安全管理，最终达到动态联盟管理与合作目标，实现动态联盟成员之间的合作共赢。图 3-1 描述了动态联盟 BIC 从底层网络互联到合作目标实现的层次结构。

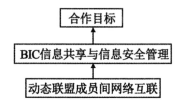

图 3-1　动态联盟 BIC 目标导向层次结构

　　从图 3-1 可以看出，动态联盟管理与合作目标的实现需要 BIC 信息共享和信息安全管理的支撑和保证。也就是说，信息共享和信息安全管理对动态联盟的正常运行具有关键的作用。因此，我们需要对信息共享和信息安全，尤其是信息安全管理做进一步的研究。

（二）动态联盟 BIC 信息安全受到多方面的威胁

　　动态联盟的运作是以计算机网络为依托的，计算机网络技术的发展使得电子商务在动态联盟活动中的应用日益广泛与深入。同时，计算机网络资源的共享性和可扩充性，增加了网络安全的脆弱性和复杂性，也增加了网络受威胁和攻击的可能性，还使电子商务环境下动态联盟 BIC 信息系统的安全问题日益复杂和突出。对电子商务环境下动态联盟 BIC 信息系统的不安全因素的分析，主要是依据对动态联盟整个运作过程的考察，确定计算机网络中可能出现的各种安全隐患和安全漏洞，从而使电子商务环境下动态联盟 BIC 信息系统的安全管理有的放矢。经分析，威胁动态联盟 BIC 信息安全的因素主要有：

1.网络硬件的不安全因素

　　计算机网络进行通信时，一般要通过通信线路、调制解调器、网络接口、终端、转换器和处理机等部件。网络硬件是窃密者、非法分子攻击的主要目标。

网络硬件的不安全因素主要有以下几种：

（1）通信监视。通信线路、网络接口和处理机等都有可能因受屏蔽和防辐射设施不健全而导致电磁泄漏。随着信息传递量的不断增加、所传递资料密级的不断提高，犯罪分子为了获取大量情报，可能利用电磁泄漏和搭线窃听方式非法接收信息，获取有用情报。

（2）非法终端。网上黑客常会非法在现有终端上并接一个终端，使用假冒的网络控制程序套取或修改用户的使用权限、密钥、口令等信息，然后利用这些信息冒充合法用户甚至超级用户进行远程登录，使系统逐渐失去防卫能力。也有的攻击者在发现某个合法用户与某个远程主机或网络建立连接后，通过非法端口或网络协议上的漏洞，接管该合法用户的信息，从而欺骗系统、占用合法用户资源。

（3）注入非法信息。攻击者通过电话线有预谋地进入网络交易系统，注入非法信息，截获所传信息，删除、修改、重发某些重要信息，破坏资料的完整性，损害他人的经济利益，或干扰对方的正确决策。

（4）线路干扰。当公共转接载波设备陈旧和通信线路质量低劣时，会产生线路干扰，导致数据传输出错，调制解调器出现错误的频率也会迅速增加。有些非法分子便会利用这点对线路进行干扰。

（5）运行中断。攻击者对关键部件进行攻击，破坏系统中的硬件，使系统不能正常工作，从而破坏信息和网络资源。

2.网络软件的不安全因素

（1）操作系统。在操作系统方面，不管是 Unix，还是 Microsoft Windows，都存在安全漏洞，对超级计算机高手来说，几乎没有挑战性可言。Unix 的源代码是公开的，很容易被发现漏洞，给 Internet 用户带来安全问题。另外，黑客可以利用某些操作系统中的匿名文件传输协议进行远程登录，不需要口令就可以进入系统，然后把自己升级为超级用户。

（2）网络协议。电子商务环境下的动态联盟 BIC 信息系统内部运行着多种网络协议，如 TCP/IP、IPX/SPX、NetBEUI 等，这些网络协议并非专为安全通信而设计的，利用这些网络协议进行服务，就可能存在多方面的威胁。

（3）网络软件。网络软件及软件操作不当带来的隐患可能是多方面的，如安装了安全功能不健全的网络软件；应加安全措施的软件可能未被标识和保护，重要的程序可能没有安全措施，从而使软件被非法使用或破坏；网络软件的漏洞及缺陷被利用，使网络遭到入侵和破坏；不妥当地标定资料，导致所修改的程序出现版本错误；程序员没有保存程序变更的记录，没有做拷贝，未建立保存记录；等等。

3.工作人员的不安全因素

人员管理常常是网络安全管理上最薄弱的环节。近年来，我国计算机犯罪呈现出内部犯罪的趋势，其原因主要是对从业人员的安全教育和管理松懈。一些企业利用竞争对手招募新人的机会派人潜入该企业，或利用不正当的方式收买该企业网络交易管理人员，窃取企业的用户资料以及相关的机密文件。由工作人员的不安全因素引起的后果的严重性，往往大于外部入侵引起的危害的严重性。

工作人员的不安全因素具体表现在以下几个方面：

（1）保密观念不强或不懂保密原则，随便泄露机密。例如，随便打印、复制机密文件或向无关人员泄漏有关机密信息。

（2）业务不熟练。例如，因操作失误而使文件出错或误发，或因未遵守操作规程而导致泄密。

（3）缺乏责任心，没有良好的工作态度，明知故犯，或有意破坏网络系统和设备。

（4）熟悉系统的工作人员故意改动软件，或用非法手段访问系统，或通过窃取他人的口令和用户标识码来非法获取信息。利用硬件的故障部位非法访问系统，或对系统各部分进行破坏。

（5）窃取系统的硬盘、磁盘、磁带等记录载体或利用废弃的打印纸、复写纸来窃取系统或用户的信息。

4.交易信用的风险因素

在网络交易过程中，客户进入交易中心，买卖双方签订合同。交易中心不仅要监督买方按时付款，还要监督卖方按时提供符合合同要求的货物。这些环节中都存在大量的交易信用风险，制约和影响着网络交易的顺利进行。在电子商务环境下，交易双方采用电子方式谈判、结账，这就使一些犯罪分子的欺诈行为更容易得逞，对网络交易的安全性造成巨大的威胁。

交易信用的风险主要来自两个方面：

（1）来自买方的信用风险。个人消费者可能会在使用信用卡支付时恶意透支，或使用伪造的信用卡骗取卖方的货物，或拖延货款，卖方需要为此承担风险。

（2）来自卖方的信用风险。卖方可能不能按质、按量、按时寄送消费者购买的货物，或者不能完全履行与消费者签订的合同，买方需要为此承担风险。

5.计算机病毒和黑客攻击

计算机病毒和黑客攻击是影响计算机网络正常运行的两大因素，是威胁计算机安全不可忽视的因素。

可以毫不夸张地说，没有一种计算机系统能够幸免于病毒的攻击。病毒程序通过自我复制传染正在运行的其他程序，并与正在正常运行的程序争夺计算机资源；病毒程序可破坏存储器中的大量数据，导致用户数据丢失；病毒不仅会侵害其所在的计算机系统，而且会侵害与该系统连接的其他计算机系统。

6.环境的不安全因素

除了上述因素，环境因素也威胁着网络安全，如地震、火灾、水灾、风灾等自然灾害或掉电、停电等事故。此外，还存在其他方面的不可预测的不安全因素。

总之，在对威胁 BIC 信息系统安全性的诸多因素进行分析时，应把一切可能导致系统不安全的因素考虑进来，包括直接的和间接的因素、内部的和外部的因素、主要的和次要的因素、总体的和个体的因素，从多角度加以考察、研究，尽可能考虑得多一些、全面一些，考虑和分析得越细致、越周密，越有助于动态联盟采取有针对性的防范措施。

（三）电子商务有其信息安全控制要求

电子商务发展的核心和关键是交易的安全性。Internet 本身的开放性使网上交易面临种种风险，电子商务也由此提出了相应的信息安全控制要求。这些安全控制要求构成电子商务环境下动态联盟 BIC 信息安全的要素，主要有以下几个方面：

1.有效性

电子商务以电子交易形式代替了纸张交易形式，保证电子交易形式的信息的有效性则是实行电子商务的前提。

电子商务作为贸易的一种形式，其信息的有效性将直接关系到个人、企业甚至国家的经济利益和声誉。因此，要对网络故障、操作错误、应用程序错误、硬件故障、系统软件错误及计算机病毒所造成的威胁加以预防和控制，以保证贸易资料的有效性。

2.保密性

电子商务作为贸易的一种手段，其信息可能涉及个人、企业或国家的机密。因此在电子商务的信息传播过程中一般均有保密的要求。交易中的商务信息如被泄露，将会造成严重的后果。例如，消费者的信用卡账号和用户名若被人知悉，就可能被盗用；商家的订货和付款信息若被竞争对手获悉，就可能丧失商机。传统的贸易都是通过邮寄封装的信件或通过可靠的通信渠道发送商业报文来达到保守机密的目的的，而电子商务是建立在一个较为开放的网络环境上的，维护商业机密是电子商务全面推广应用的重要保障。

3.完整性

电子商务简化了贸易流程，减少了人为的干预，同时也带来难以维护贸易各方商业信息的完整性、统一性的问题。数据输入时的意外差错或欺诈行为，可能导致贸易各方信息的差异。此外，数据传输过程中信息的丢失、信息重复或信息传送的次序差异也会导致贸易各方信息接收的不同。贸易各方信息的完整性将影响贸易各方的交易和经营策略，保持贸易各方信息的完整性是电子商务应用的基础。因此，要预防对信息的随意生成、修改和删除，同时要防止资料传送过程中信息的丢失和重复，并保证信息传送次序的统一。

4.交易者身份的确定性

网上交易的双方很可能素昧平生、相隔千里，要使交易成功，首先要能确认对方的身份，商家要确定客户不是骗子，客户也要确定网上的商店不是一家黑店。因此，能方便而可靠地确认买卖双方的身份是进行交易的前提。

5.不可否认性

在传统的贸易中，贸易双方通过在交易合同、契约或贸易单据等书面文件上手写签名或盖上印章来鉴别贸易伙伴，确定合同、契约、单据的可靠性并预防抵赖行为的发生。这也就是人们常说的"白纸黑字"。在无纸化的电子商务贸易中，通过手写签名和印章进行鉴别已不可能。尽管市场千变万化，但无论是纸面贸易还是电子商务贸易，交易一旦达成都是不能被否认的，否则必然会损害一方的利益。例如订购大豆，订货方下单时大豆价较低，但供货方收到订单后，大豆价上涨了，如果供货方不以收到订单的实际时间为准，甚至否认收到订单的事实，订货方就会蒙受损失。

6.不可修改性

没有特殊情况，电子商务交易签订的文件是不可被修改的。在上面所举的订购大豆的例子中，如果供货方在收到订单后，发现大豆价格大幅上涨了，便改动合同内容，将订购数 10 t 改为 1 t，那么订货方就会遭受巨大损失。因此，电子商务的交易文件也要能做到不可修改，以保障交易的严肃和公正。

二、电子商务环境下的动态联盟 BIC 信息安全技术手段

在从传统的贸易方式向现代的电子化的贸易方式转变的过程中，如何保证信息的安全可靠，是动态联盟管理者所关注的焦点，同时也是电子商务环境下动态联盟 BIC 信息系统应用的关键问题之一。由于动态联盟的电子商务涉及联盟组织各成员、各方面的利益，所以必须采取行之有效的安全手段。当前比较流行的安全技术手段有信息系统防火墙、信息加密技术、数字签名、身份认证、数字时间戳等。

（一）信息系统防火墙

Intranet 是电子商务环境下动态联盟 BIC 信息系统的一个重要组成部分，动态联盟通过 Intranet 连接 Internet，实现联盟内部以及联盟与外部的信息交流，提高工作效率。而与 Internet 这样一个面向世界的开放网络连接，必须关注的是安全性问题。为了保证客户、销售商、异地员工等合法授权用户的安全访问，同时避免联盟的机密信息受黑客和商业间谍的入侵，动态联盟 BIC 信息系统必须建立一个安全屏障——BIC 信息系统防火墙。

1.防火墙的基本概念

防火墙是指一个由软件系统和硬件设备组合而成的，在内部网和外部网之间构造的保护屏障。所有的内部网和外部网之间的连接都必须经过此保护层，在此进行检查和连接。只有被授权的通信活动才能通过此保护层，这就在一定意义上把内部网络与外部网络隔离开了，有利于防止非法入侵、非法使用系统资源的情况发生。

2.防火墙的功能

电子商务环境下 BIC 信息系统防火墙必须为动态联盟 BIC 信息系统提供

以下保障：

（1）保证电子商务环境下 BIC 信息系统平台不被入侵。这就要求防火墙先封锁所有信息流，然后对希望提供的服务逐项开放。这是一种非常实用的方法，可以营造一个相对安全的环境，因为只有经过仔细挑选的服务才被允许使用。

（2）提供完善的审计机制。对所有的商业事务处理进行审计，以便进行安全管理和责任追究。

（3）确保所有电子商务应用都是授权访问的，为通过 Internet 远程访问的成员、客户、供应商提供安全通道。防火墙应转发所有信息流，然后逐项屏蔽可能有害的服务。这种方法构建了一种更为灵活的应用环境，可为用户提供更多的服务。这种保障的难点在于，在日益增多的网络服务面前，网管人员疲于筛选，特别是受保护的网络范围增大时，很难提供可靠的安全防护。

（4）数据源控制。使用过滤模块来检查数据包的来源和目的地，根据管理员的规定接收或拒绝数据包。

（5）应用级控制。扫描数据包里的内容，查找与应用相关的数据。

（6）网络数据包级控制。在网络层对数据包进行模式检查。

（7）广泛的服务支持。通过将动态的、应用层的过滤能力和认证相结合，实现 WWW 浏览器、HTTP 服务器、文件传输协议等方面的服务支持。

（8）使用授权控制。只允许指定的用户访问内部网络或选择服务。

（9）反欺骗。欺骗是不法分子从外部获取网络访问权的常用手段，它使数据包看起来好像来自网络内部。防火墙能监视、发现这样的数据包并扔掉它们。

3.防火墙的组成

防火墙主要包括安全操作系统、过滤器、网关、域名服务和 E-mail 处理五个部分。有的防火墙可能在网关两侧设置内、外两个过滤器，外过滤器保护网关不受攻击，网关提供中继服务，辅助过滤器控制业务流，而内过滤器在网关被攻破后提供对内部网络的保护。

防火墙本身必须建立在安全操作系统所提供的安全环境中，安全操作系统可以保护防火墙的代码和文件免遭入侵者攻击。这些防火墙的代码只允许在特定主机系统上执行，这种限制可以降低非法穿越防火墙的可能性。

4.防火墙的局限性

防火墙是动态联盟 BIC 系统的一道安全屏障，但防火墙也有一定的局限性，主要表现在：

（1）不能完全抵御来自内部的攻击。防火墙只能抵御来自外部的、穿越防火墙的攻击，不能完全防范内部的攻击。防火墙只是设在内域网和 Internet 之间，是对其间的信息流进行干预的安全设施。在一个单位内部，各部门之间设置的防火墙也具有类似特点，都不能用于防范内部的攻击破坏。

（2）不能防范人为因素的攻击。防火墙不能防止公司内部人员的恶意攻击、用户误操作造成的威胁以及因口令泄露而受到的攻击。

（3）不能有效地防止受病毒感染的软件或文件的传输。由于操作系统、病毒、二进制文件的种类太多且更新很快，所以防火墙无法扫描每个文件以查找病毒。

（4）不能防止数据驱动式的攻击。防火墙不能防止有些表面看起来无害的数据传递或拷贝到内部网的主机上并被执行，这可能会导致数据驱动式的攻击的发生。数据驱动式的攻击可以修改与系统安全有关的配置文件，从而使入侵者下一次更容易攻击该系统。

（二）信息加密技术

信息加密技术是电子商务环境下动态联盟 BIC 信息系统采用的主要安全技术手段之一，是实现电子商务信息保密性的一种重要的手段。贸易双方根据需要在信息交换过程中使用加密技术，其目的是防止合法接收者之外的人获取信息系统中的机密信息。

1.与信息加密技术有关的概念

（1）加密和解密。加密是指采用数学方法对原始信息（通常称为"明文"）

进行再组织,使它成为一种不可理解的形式,这种不可理解的内容称为"密文"。解密是加密的逆过程,即将密文还原成原来可理解的形式。

(2)算法和密钥。加密和解密过程依靠算法和密钥两个元素,缺一不可。算法是加密或解密的一步一步的过程,在这个过程中需要一串数字,这串数字就是密钥。

(3)密钥的长度。密钥的长度是指密钥的位数。密文的破译实际上是黑客经过长时间的密钥测试,破获密钥后解开密文的过程。怎样才能使加密系统牢固,让黑客们难以破获密钥呢?这就要使用位数比较长的密钥。例如,一个16位的密钥可以有2的16次方个可能的取值,这意味着有65 536种不同的密钥组合。顺序猜测65 536种密钥对于计算机来说是很容易的,但如果是100位的密钥,计算机猜测密钥的时间就很难估计了。因此,密钥的位数越长,加密系统就越牢固。

2.对称加密技术

在对称加密方法中,对信息的加密和解密都使用相同的密钥。也就是说,一把钥匙开一把锁。使用对称加密方法将简化加密的处理,贸易双方都不必彼此研究和交换专用的加密算法,而可以采用相同的加密算法并只交换共享的专用密钥。进行通信的贸易双方如果能够确保专用密钥在密钥交换阶段不曾泄露,就可以通过对称加密方法加密机密信息,随报文一起发送报文摘要或报文散列值来保护报文的机密性和完整性。对称加密技术存在着在通信的贸易双方之间确保密钥安全交换的问题。此外,当某一贸易方有 n 个贸易关系,那么他就要维护 n 个专用密钥(即每把密钥对应一个贸易方)。对称加密方式存在的另一个问题是无法鉴别贸易发起方或贸易最终方。因为贸易双方共享同一把专用密钥,贸易双方的任何信息都是通过这把密钥加密后传送给对方的。

对称密钥的管理和分发工作是相当重要的。由于对称加密是基于共同保守秘密来实现的,因此采用对称加密技术的贸易双方应保证各自采用的是相同的密钥,要保证彼此交换的密钥是安全可靠的,同时还要设定防止密钥泄露和更改密钥的程序。这样，对称密钥的管理和分发工作就成了一件具有潜在风险和烦琐的工作。通过公开密钥加密技术实现对对称密钥的管理，相应的管理和分发工作就会变得更加简单和安全，同时解决了纯对称密钥模式中存在的可靠性问题和鉴别问题。

贸易一方可以为每次交换的信息生成唯一一把对称密钥，并用公开密钥对该密钥进行加密，然后将加密后的密钥和用该密钥加密的信息一起发送给贸易另一方。由于每次的信息交换都对应生成了唯一一把密钥，因此贸易双方就不再需要对密钥进行维护和担心密钥的泄露或过期。这种方式的另一优点是即使泄露了一把密钥也只将影响一笔交易，而不会影响贸易双方其他交易。这种方式还成为贸易伙伴间发布对称密钥的一种安全途径。

AES（advanced encryption standard，高级加密标准）是目前使用最广泛的对称加密算法之一。它替代 DES（data encryption standard，数据加密标准）成为新一代的标准加密技术。AES 提供了更高级别的安全性，可以通过密钥长度的灵活变化来提高加密强度。常用的密钥长度有 128 位、192 位和 256 位等。

3.非对称加密技术

在非对称加密体系中，密钥被分解为一对，即一把公开密钥和一把专用密钥。这对密钥中的任何一把都可作为公开密钥（加密密钥）以非保密的方式向他人公开，而另一把则作为专用密钥（解密密钥）加以保存。公开密钥用于对信息的加密，专用密钥则用于对加密信息的解密。专用密钥只能由生成密钥的贸易方掌握，公开密钥可广泛发布，但它只对应于生成该密钥的贸易方。贸易方利用该方案实现机密信息交换的基本过程是：贸易方甲生成一对密钥并将其中的一把作为公开密钥向其他贸易方公开，得到该公开密钥的贸易方乙使用该密钥对机密信息进行加密后再发送给贸易方甲，贸易方甲再用自己保存的另一把专用密钥对加密后的信息进行解密。需要注意的是，贸易方甲只能用其专用密钥解密由其公开密钥加密后的信息。

4.加密技术的不足之处

在开展电子商务的过程中，人们需要的是一个确实贯彻了加密体制的、针对企业环境开发的、标准的加密系统。现在加密的标准很多，虽然增加了更多的选择余地，但也带来了兼容性的问题。由于缺乏一个安全交易的通用标准，不同的商家可能会采用不同的加密标准。

就我国而言，开发自己的高级别加密技术还是很有必要的，因为只有把加密技术牢牢地掌握在自己手中，才能比较主动地把握各类信息的安全性。

（三）数字签名

在日常社会生活和经济往来中，签名盖章和签名识别（认证）是经常需要用到的。例如，信件、文件、钱款的收发，挂号邮件、合同、契约及协议的签订等都离不开签名。手写签名有固定不变、易模仿、易伪造、手续繁杂等缺点。随着计算机通信网的发展，人们希望通过电子设备实现快速、远距离的沟通和交易，数字（电子）签名应运而生。

数字签名与手写签名的区别在于，手写签名是可模拟的，且因人而异，而数字签名是 0 和 1 的数字串，因消息而异。数字签名可做到既保证签名者无法否认自己的签名，又保证接收方无法伪造发送方的签名，还可作为信息收发双方在对某些信息有争议时的法律依据。因此，数字签名除了具有手写签名的全部功能，还能够鉴定消息，查证消息的发送者以及消息本身的真实性，检查通信过程中可能的欺骗和干扰，具有易更换、难伪造、可通过远程线路传输等优点。

数字签名是通过密码算法对数据进行加密、解密交换实现的。

数字签名有两种：一种是对整体消息的签字，它是消息经过密码变换的被签消息整体；另一种是对压缩消息的签字，是附加在被签字消息之后或某一特定位置上的一段签字图样。

（四）身份认证

1.身份认证的必要性

身份认证是判明和确认贸易双方真实身份的重要环节。通过计算机网络开展电子商务，身份认证问题是一个至关重要的问题。一方面，只有合法用户才可以使用网络资源，所以网络资源管理要求用户进行身份认证。另一方面，在传统的交易过程中，交易双方可以面对面地谈判交涉，很容易识别对方的身份；而通过电子商务进行的网络交易却不同，交易双方并不一定要见面，但仅通过普通的电子传输信息又很难确认对方的身份。因此，只有采取一定的身份认证措施使贸易双方可以确认对方身份，才能使双方放心地开展电子商务。当然，这里面也需要一个仲裁机构，以便在发生纠纷时，进行仲裁。因为存在身份认证技术，有关当事人无法抵赖自己的行为，所以仲裁能更有理有据。

2.身份认证的目标

进行身份认证有以下四个目标：

（1）保证可信性。信息的来源是可信的，即信息接收者能够确认所获得的信息不是由冒充者所发出的。

（2）保证完整性。要求信息在传输过程中保证其完整性，即信息接收者能够确认所获得的信息在传输过程中没有被修改、延迟和替换。

（3）保证不可抵赖性。要求信息的发送方不能否认自己所发出的信息，同样，信息的接收方不能否认已收到了信息。

（4）进行访问控制。拒绝非法用户访问系统资源，合法用户只能访问系统授权和指定的资源。

3.身份认证的基本方式

一般来说，用户身份认证可通过三种基本方式来实现：

（1）人体生物学特征方式。由于不同个体的某些人体生物学特征，如指纹、声音等相同的概率十分小甚至为零，因此可用它们直接进行身份认证。但使用这种方式一般成本较高，只适合保密程度很高的场合。

（2）口令方式。口令是应用最广的一种身份认证方式，如现代通信网的接入协议等。口令一般是长度为5～8位的字符串，由数字、字母、特殊字符等组成。口令的选择一般应遵循容易记忆、不易猜中和不易分析三个原则。

"容易记忆"是针对用户本人而言的，而"不易猜中和不易分析"是针对想非法侵入系统的人而言的。可以看出，第一条原则与另两条原则之间存在着一定的矛盾。因为容易记忆的东西往往是用户比较熟悉的，如自己的生日、亲友的姓名、家里的电话号码等。这些对于用户本人来说是容易记忆的，但对非法用户来说也是容易猜中的，尤其是只用了小写字母或数字的口令，这就给黑客破译口令带来了便利。所以，口令的选择一定要慎重，而且口令应该定期更换。在满足以上条件的前提下，口令的长度应该尽量长，因为越长的口令越不容易被破译。当然，口令的管理也很重要。如果用户将口令都存储在一个文件中，那么一旦这个文件泄露，非法用户就可获得口令，盗取用户信息。

（3）标记方式。标记是一种用户所持有的某个秘密信息（硬件），标记上记录着用于机器识别的个人信息。它的作用类似于钥匙，用于启动电子设备。访问系统资源时，用户必须持有合法的随身携带的物理介质（如智能卡）。智能卡的原理是在卡内安装电脑芯片以取代原来的磁介质，这样就克服了磁卡易受环境影响、易被修改和转录的缺陷，使身份认证更有效、更安全。

（五）数字时间戳

交易文件的签发时间是十分重要的信息。在书面合同中，文件签署的日期和签名一样均是十分重要的防止文件被伪造和篡改的关键性内容。

在电子交易中，同样需要对交易文件的签发日期采取安全保护措施，而数字时间戳服务就能提供交易文件发表时间的安全保护。

数字时间戳服务是网上安全服务项目，由专门的机构提供。时间戳是一个经加密后形成的凭证文档，它包括需加时间戳的文件的摘要、数字时间戳服务收到文件的日期和时间以及数字时间戳的数字签名三个部分。

数字时间戳产生的过程：用户首先将需要加时间戳的文件用函数加密形成摘要，然后将摘要发送给专门提供数字时间戳服务的权威机构，该机构对摘要加上时间后，进行数字签名（用私钥加密），并发送给原用户，原用户可以把它再发送给接收者。

（六）其他技术对策

其他技术方面的信息安全对策包括设置虚拟专用网、保护传输线路安全、采用端口保护设备、设置路由选择机制和建立隐蔽信道等。

1.设置虚拟专用网

虚拟专用网是用于 Internet 电子交易的一种专用网络，它可以在两个系统之间建立安全的信道，非常适合电子数据交换。在虚拟专用网中交易双方相互比较熟悉，而且彼此的数据通信量很大。如果使用专用线路设置虚拟专用网，在虚拟专用网中使用比较复杂的专用加密和认证技术，就可以大大提高电子商务的安全性。虚拟专用网是进行电子商务比较理想的一种形式。

2.保护传输线路安全

传输线路应有露天保护措施或埋于地下，并要远离各种辐射源，以减少由电磁干扰所引起的信息传输错误。铺设电缆时应使用金属导管，以减少各种辐射所引起的电磁泄漏和对发送线路的干扰。集线器和调制解调器应放置在受监视的地方，以防外部网络接入；要定期检查线路连接，以检测是否有窃听、篡改或破坏行为。

3.采用端口保护设备

在计算机网络中，远程终端和通信线路是网络安全的薄弱环节，因此端口保护尤为重要。一种简单的保护方法是在不使用时拔下插头或断掉电源。不过，这种方式对于拨号系统或联机系统是不可行的，这时就需要利用各种端口保护设备。

4.设置路由选择机制

在一个网络中，从源点到目标节点可能有多条路径，有些路径可能是安全的，而另一些路径可能是不安全的。路由选择机制可以使信息的发送者选择特殊的路由，以保证数据安全。路由选择机制实际上就是流向控制。在一个大型网络系统中，选择安全通路较为关键。这种选择可以由用户提出申请，在自己的程序和数据前打上路由标志；也可以由网络安全控制机构在检测出不安全路由后，通过动态调整路由表，限制某些不安全通路。

5.建立隐蔽信道

隐蔽信道是相对于公开信道而言的。隐蔽信道采用特殊编译码，将隐私信息隐藏于另一个载体或宿主中，以达到隐蔽通信的目的。

三、电子商务环境下的动态联盟 BIC 信息安全管理机制

电子商务环境下动态联盟 BIC 信息安全管理机制是保证动态联盟网络化经营取得成功的重要基础，是信息安全管理工作的规范和准则。它包括以下几个方面的机制：

（一）网络营销人员管理机制

电子商务环境下联盟企业的网络营销是一种高智力的劳动。从事网络营销的人员，一方面，必须具有传统市场营销的知识和经验；另一方面，又必须具有相应的计算机网络知识和操作技能。由于营销人员在一定程度上影响着市场经济下的企业的命运，而计算机网络犯罪又具有隐蔽性、连续性、高技术性的特点，因此加强对网络营销人员的管理变得十分重要。

企业具体可以从以下几个方面建立完善的网络营销人员管理机制：

（1）严格选拔网络营销人员。相关领导经过一段时间的考察，将责任心强、讲原则、守纪律、了解市场、懂得营销、具有基本网络知识的人员委派到关键岗位上。

（2）落实工作责任制。联盟企业不仅要求网络营销人员完成规定的营销任务，而且要求他们严格遵守企业的网络营销安全制度。特别是在当前企业人员流动较频繁的情况下，更要明确网络营销人员的责任，对违反网络交易安全

规定的行为坚决予以打击，对有关人员进行及时的处理。

（3）贯彻电子商务安全运作基本原则。电子商务安全运作的基本原则包括：

①双人或多人负责原则。不要安排一个人单独管理重要业务，要实行两人或多人相互制约的机制。

②任期有限原则。任何人不得长期担任与交易安全有关的职务。

③最小权限原则。明确规定只有网络管理员才可以进行物理访问，只有网络维修人员才可进行软件安装工作。

（二）保密机制

网络营销涉及企业的生产、财务、供应等多方面的机密，企业需要很好地划分信息的安全防范重点，提出相应的保密措施，制定保密机制。

信息的保密级别一般可分为三种：

（1）绝密级。例如，联盟经营状况报告、订/出货价格、联盟的发展规划等。此部分网址、密码不在互联网上公开，只限于公司高层人员掌握。

（2）机密级。例如，联盟的日常管理情况、会议通知等。此部分网址、密码不在互联网上公开，只限于公司中层以上人员使用。

（3）秘密级。例如，联盟的新产品介绍及订货方式等，此部分网址、密码可在互联网上公开，供消费者浏览，但必须有保护程序，防止黑客入侵。

保密机制的另一个重要的部分是对密钥的管理。大量的交易必然使用大量的密钥，密钥的管理必须贯穿于密钥的产生、传递和销毁的全过程。密钥需要定期更换，否则黑客可能通过积累密文增加破译机会。

（三）跟踪、审计、稽核机制

跟踪机制要求企业建立网络交易系统日志机制，用于记录系统运行的全过程。系统日志文件是自动生成的，内容包括操作日期、操作方式、登录次数、运行时间、交易内容等。它对系统的运行监督、维护分析、故障恢复以及防止案件的发生或在案件侦破过程中提供监督数据，都可以起到非常重要的作用。

审计机制要求企业经常对系统日志进行检查、审核，及时发现对故意入侵系统行为的记录和对违反系统安全功能行为的记录，监控和捕捉各种安全事件，保存、维护和管理系统日志。

稽核机制是指工商管理、银行、税务人员利用计算机及网络系统，借助稽核业务应用软件调阅、查询、审核、判断辖区内各电子商务参与单位业务经营活动的合理性、安全性，堵塞漏洞，保证电子商务交易安全，发出相应的警示或做出有关的处理决定。

（四）信息共享与访问控制机制

访问控制是从计算机系统的处理能力方面对信息提供保护的机制，它按照事先确定的规则判断主体对客体的访问是否合法。当一个主体试图非法使用一个未经授权的资源时，访问控制机制将拒绝这一企图，并将这一事件报告给审计跟踪系统；审计跟踪系统将给出警告，并记入日志档案。系统对文件和数据库设置安全属性，对其共享的程度予以划分，通过访问矩阵来限制用户的使用方式，如只读、只写、读/写、可修改、可执行等。

动态联盟通过 BIC 实现信息资源共享和项目合作，合作过程中需要共享哪些信息、共享的信息如何进行分类和处理，这是实现 BIC 信息共享的前提。

BIC 存放的信息种类繁多，信息的用途也不一样。有些信息是用来协调动态联盟成员进行项目合作的，比如说项目计划和项目进展情况，以及项目中还有哪些问题需要解决；有些信息是用来发布动态联盟之间的内部公告的；有些信息是用来反映市场环境变化情况，同时用来寻求新的合作伙伴、开拓新市场的。

由于信息的用途不同，对不同联盟成员来说访问权也不一样。BIC 所实现的信息共享只是有限度的共享和局部范围内的共享。

通常情况下，信息的操作类型可以分为访问、上传、下载、修改和删除五种。根据需要，信息安全等级可以分为四级，信息安全级别越高，对联盟成员共享的程度越低。安全等级为一级的信息对联盟成员开放性最高，联盟成员可以对其进行访问、上传、下载和修改。

根据信息的重要程度可以设置不同的访问权限，私有信息访问权限高，共享信息访问权限低。联盟成员不管是在本企业或跨企业存取数据，都只能访问、修改相应权限级别的数据。而由数据库发往中心代理服务器或用户的数据，在离开本企业数据库前，也必须再次确认是否为机密文件，以防机密数据流失。

为防止数据被任意更改，一般情况下，只有高级数据管理人员才可以对机密数据进行修改，其他人员只能进行读取和提出修改建议。

BIC 是以联盟盟主为基础进行搭建的，动态联盟之间的合作也是以联盟盟主为中心的。因此，盟主企业的操作权限比一般联盟成员要大得多，盟主企业一般具有对 BIC 的最高管理权和控制权。同时，盟主企业与成员企业也是一种合作关系，盟主企业对共享信息的管理要接受成员企业的监督和建议。在联盟成员进行合作的过程中，尤其是在对 BIC 信息的管理和控制上，成员企业具有对信息的监督权和建议权。一般情况下，盟主企业可以对 BIC 的信息进行最高权限的操作，但对一些与成员企业业务有重要关系的信息，盟主需要通过成员企业的同意才能进行相应的访问、下载、修改和删除操作。

信息访问控制流程如图 3-2 所示。

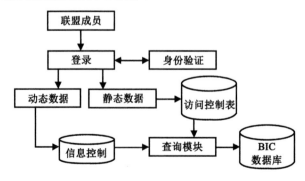

图 3-2　信息访问控制流程

联盟成员要实现对 BIC 数据库的访问，首先要用用户名和密码进行登录，并通过身份验证，确定访问权限；然后确定可以访问的数据，分别通过访问控制表和信息控制器对动态数据和静态数据发出查询请求，查询模块根据查询请求对 BIC 数据库进行访问，判断是否有要查询的数据，如果有则返回要查询的信息给联盟成员，如果没有则向访问的联盟成员给出提示信息。

（五）鉴别机制

鉴别是为每一个通信方查明另一个实体身份和特权的过程，它是在对等实体间交换认证信息，以便检验和确认对等实体的合法性的过程，这是访问控制实现的先决条件。鉴别机制可以采用报文鉴别，也可以采用数字签名或终端识别等方式。

报文鉴别是在通信双方建立通信联系之后，每个通信者对收到的信息进行验证，以保证所收到信息的真实性的过程，也就是验证报文的完整性。一旦用户得到这种鉴别信息，并且它的准确性和完整性得到验证，用户或系统就可以做出适当的判断——什么样的数据可以发送给对方。

终端识别是利用回收信息核对用户位置、识别用户身份的一种方式。回信核对装置会对用户的联机位置进行检查、核对，如果某人用窃得的联机口令在非法地点联机，系统就会立即切断联络，并对这一非法事件进行记录，将非法者的联机时间、地点等详细情况记录下来，以便及时查处和制止非法犯罪行为。

（六）数据完整性机制

网络通信协议中一般都采取了数据传输中的差错控制措施，但不能应对人为的破坏。网络中传输数据完整性控制包括：数据来自正确的发送方，而非假冒的发送方；数据送达了正确的接收方，而无丢失或误送的情况发生；接收到的数据内容与发送的一致；数据接收的顺序与发送时一致，没有重复接收。

（七）入侵检测机制

入侵检测主要检测和识别系统中未授权或异常现象。利用审计记录，入侵检测系统应能识别出任何不希望有的活动，这就要求对不希望的活动加以限制，一旦出现就能自动检测。入侵检测技术的第一道防线是接入控制，第二道防线是检测。

（八）网络系统的日常维护机制

网络系统的日常维护机制主要包括以下几个方面：

1.硬件的日常管理和维护

（1）Intranet 的相关硬件。联盟企业通过自己的 Intranet 参与商务活动，Intranet 的日常管理和维护变得至关重要，特别是对那些运行关键任务的企业。网络管理员必须建立系统的设备档案，记录 Intranet 内所有设备的型号、生产厂家、配置参数、安装时间、安装地点、IP 地点、上网目录和内容等。对于服务器和客户机，网络管理员还应记录其内存、硬盘容量和型号、终端型号及数量、多用户卡型号、操作系统名、数据库名等。这样就算设备发生故障，企业也可以方便地查找到该设备相关信息，以便及时处理。

（2）网络设备。应及时在网络设备上安装网管软件。网管软件可以做到对网络拓扑结构的自动识别、显示和管理，网络系统节点配置与管理，系统故障诊断、显示及通告，网络流量与状态的监控、统计与分析，还可以进行网络性能调优、负载平衡等。对于不可管设备，应通过手工操作来检查状态，做到定期检查与随机抽查相结合，以便及时、准确地掌握网络的运行状况。

（3）通信线路。对于内部线路，应尽可能进行结构化布线。对于租用电信部门的通信线路，网络管理员应对通信线路的连通情况做好记录，当有故障发生时，应及时与电信部门联系，以便迅速恢复通信。

2.软件的日常管理和维护

（1）支撑软件。支撑软件包括操作系统 Unix 或 Microsoft Windows，数据库 Oracle 或 Sybase，开发工具 PowerBuilder、Delphi 或 C 语言等。对于操作系统，所要进行的维护工作主要包括定期清理日志文件、临时文件，定期整理文件系统，监测服务器上的活动状态和用户注册数，处理运行中的死机情况。

（2）应用软件。应用软件的管理和维护主要是版本控制。为了保持各客户机上的版本一致，应设置一台安装服务器，当远程客户机的应用软件需要更新时，就可以从网络上进行远程安装。但是，远程安装应选择在网络负载较低时进行，特别是大型应用软件的安装，最好在晚上进行，以免影响网络的日常运行。

（九）数据备份和应急机制

为了保证网络数据安全，必须建立数据备份制度，定期或不定期地对网络数据加以备份。

在计算机灾难事件发生时，应急机制利用应急计划辅助软件和应急设施排除灾难和故障，保障计算机信息系统继续运行或紧急恢复。在电子商务业务启动时，必须制定交易安全计划和应急方案，一旦发生意外，就立即实施，最大限度地减少损失，尽快恢复系统的正常工作。

电子商务运行中的灾难事件指的是导致参加交易活动的计算机不能正常运行的事件。洪水、地震和其他自然灾害会直接导致计算机系统不能正常运行；发电厂的事故、信息服务商的问题也可能导致计算机系统的非正常运行；计算机系统本身和人为操作也可导致灾难的发生，如系统升级时发生差错、严重的操作错误、备份中心发生故障和系统管理员的恶意操作都可能导致重要数据的丢失，引发计算机系统灾难。

灾难恢复包括硬件恢复和数据恢复。一般来讲，数据的恢复更为重要，难度也更大。目前运用的数据恢复技术主要是瞬时复制技术、远程磁盘镜像技术和数据库恢复技术。

（1）瞬时复制技术。瞬时复制技术就是使计算机定时自动复制数据的技术。该技术将空白磁盘与每一个数据磁盘相连，把数据拷贝到空白磁盘，该空白磁盘就成了瞬时复制磁盘。在拷贝进行过程中，为保证数据的一致性，使用数据的应用程序会被暂时挂起。当复制完成时，瞬时复制磁盘与数据磁盘脱离连接，应用程序继续运行。瞬时复制的备份数据可以用来产生磁带备份或用作远程恢复节点的基本数据。目前，大部分的系统厂商、存储设备供应商和软件开发商已利用这一技术开发了多种瞬时复制产品。

（2）远程磁盘镜像技术。远程磁盘镜像技术是在远程备份中心提供主数据中心的磁盘影像的技术。这种技术最主要的优点是可以把数据中心磁盘中的数据复制到远程备份中心，而无须考虑数据在磁盘上是如何组织的。系统管理员仅需要确定哪些磁盘需要备份，存储在这些磁盘上的数据就会被全自动地备份到远程备份中心，这对应用系统的信息安全保护是非常有利的。

（3）数据库恢复技术。数据库恢复技术能产生和维护一份或多份数据库数据的副本。数据库恢复技术为用户提供了更大的灵活性。对于那些在日常应用中使用大量联机数据的用户，其可以选择将少量最为关键的数据复制到远程，以降低对远程存储系统的占有率。

数据库恢复技术提供了非常灵活的手段，可在灾难发生后恢复应用数据，但还不是完整的解决方案，必须将其他方法作为补充。因为数据库恢复技术不能复制非数据库格式的数据。有些应用系统的主要数据存储于数据库中，另外一些特殊数据存放于文件中。将数据库恢复技术与远程磁盘镜像技术配合使用，常常可以获得更为良好的效果。

（十）抗病毒机制

抗病毒机制是电子商务环境下动态联盟 BIC 系统信息安全管理的一个重要领域。病毒在网络环境下具有极强的传染性，对网络交易的顺利进行和交易数据的妥善保存造成极大的威胁。从事网上交易的盟主企业和成员企业以及个人都应当建立病毒防范制度，排除病毒的干扰。

总之，电子商务环境下动态联盟 BIC 的信息安全问题是一个综合性课题，涉及法律、技术、管理、使用等方面。根据我国实际和国外的经验，盟主企业和成员企业应当从技术、管理、法律等方面入手，采取行之有效的综合解决办法，如此才可能真正实现电子商务环境下动态联盟的安全运作。

第二节　协同商务环境下的动态联盟信息应用集成管理

商务智能作为一种企业信息应用集成解决方案，在企业不同的信息应用系统，如 ERP、CRM、SCM 以及外部环境扫描系统之间架起了互通的桥梁。同时，这些信息化系统也为商务智能提供了丰富的数据源。动态联盟 BIC 要通过运用商务智能技术，优化资源配置，加强信息应用集成管理，实现经营和管理目标。

一、协同商务环境下商务智能与动态联盟的信息应用集成

（一）动态联盟协同商务的提出

面对日益激烈的竞争和客户需求的多样化和个性化，合作与共赢已成为企业的主要成功法则。随着信息技术的飞速发展和企业信息化进程的深入，企业经营管理模式发生了巨大的变化，为了更好地适应新时代动态的环境，协同商务应运而生。

协同商务最早由著名咨询机构加特纳集团于 1999 年提出，它强调整个价值链的各个伙伴或成员将各自的资源或核心竞争优势组合起来共同开发新的产品或服务，这些组合起来的产品或服务的价值将比单个企业的简单集合大得多。

动态联盟协同商务的目标是在满足不断变化和增长的客户需求的同时提高动态联盟的获利能力，其基本思想是充分利用现代信息技术特别是 Internet 和商务智能技术，通过对动态联盟生命周期所有阶段的信息或知识的有效共享和集成，促使在整个动态联盟范围内实现各种业务的协同以及资源的整合，从而提高动态联盟整体的竞争能力，更好地满足客户的需求并实现动态联盟的总体目标。

（二）面向协同商务的动态联盟信息应用集成需求

信息集成是指不同应用系统之间实现数据共享，这些应用系统分布在网络环境下的异构计算机系统中，它们所管理和操作的数据格式和存储方式各异，实现信息集成就是要实现数据的转换（不同数据格式和存储方式之间的转换）、数据源的统一（同一个数据仅有一个数据入口）、数据一致性的维护、异构环境下不同应用系统之间的数据传送。信息集成的理想目标是五个"正确"的实现，即"在正确的时间，将正确的信息以正确的方式传送给正确的人（或机器），以做出正确的决策"。

与传统企业相比，动态联盟具有两个显著特性：一是构成单元来自不同的联盟成员，它们可能采用不同的数据库，有各自的数据格式和储存方式，信息分布和异构的矛盾比较突出；二是动态联盟随着生产任务的出现而存在，随着生产任务的完成而解体，系统动态重构的要求导致其组成单元存在不确定性。因此，动态联盟的商务协同一方面需要对异构和分散的系统资源进行统一控制，以保证运营过程的优化；另一方面必须保持信息的相对独立性和自治性，以利于系统的重组。为此，面向协同商务的动态联盟信息应用集成的主要需求表现在以下几个方面：

（1）整合更多的联盟成员。协同商务涉及的联盟成员企业与传统商务模式涉及的企业更多，它不仅包括提供各种产品（原材料）、销售渠道以及物流服务等的传统企业，还包括提供设计、咨询等相关信息或知识的服务企业。协同商务为联盟成员之间营造了动态的交互协作的环境，动态联盟能在协同商务的环境下使合作伙伴（包括制造商、供应商）共同协作，共同开拓市场，形成多赢局面。参加协作的合作伙伴之间是"松散耦合"的关系，整合更多的联盟成员就为集成更多的信息应用奠定了基础。

（2）集成更多的信息应用。从联盟内部来看，协同商务是以当前已有的联盟信息系统为基础进行的。因此，动态联盟信息应用集成的范围不仅包括联盟内各种应用的集成，如财务系统、人力资源系统等，还包括联盟成员间以及与客户的相关应用集成。在商务智能时代，如何将这些系统与商务智能紧密结合，消除"信息孤岛"，是联盟需要解决的问题。

（3）整合业务流程。协同商务的基础是在动态联盟整个价值链上的联盟成员以及联盟成员之间的业务流程的整合，而不仅仅是通过电子化接口的联盟内外业务流程的简单连接。因此，作为内含业务逻辑的各种应用系统或功能模块在联盟内外必须有机地整合，促使联盟成员之间的各种 IT 应用系统得以实现自动协调工作，而不仅仅是通过应用程序接口（application program interface, API）等方式实现各种应用系统或功能模块的简单调用。

（4）优化资源配置。动态联盟协同商务的核心在于，以联盟内部以及动态联盟与合作伙伴、客户之间的信息和知识的充分、有效的共享或交流，来更好地支持动态联盟业务活动的管理与决策，从而促进动态联盟内外资源的有效整合与配置，实现整个价值链上联盟业务活动的合作与协同。在协同商务环境下，动态联盟各成员需要在同一个平台（BIC）的支持下进行信息获取与分析工作。同时，还需要将各种应用系统产生的商务数据或信息有机地集成起来，满足动态联盟不同利益相关者的个性化信息需求，使不同层次的决策人员能够充分利用联盟积累知识和信息，对外界环境的变化做出迅速敏捷的反应和最优的决策，从而促进动态联盟内外业务活动的协同。

（5）提高可扩展性、可重用性以及可配置性。为了适应并支持动态联盟协同商务的动态性、虚拟性，动态联盟的信息应用集成必须具备较强的可扩展性、可重用性以及可配置性，以保证各种应用或功能模块的"即插即用"，促进企业业务流程灵活、有效地整合。

（三）面向协同商务的动态联盟信息应用集成体系

面向协同商务的动态联盟信息应用集成不仅包括联盟内部数据/数据库集成、遗留系统集成，还包括不同联盟成员的分布式应用集成、协作成员之间业务集成等内容。面向协同商务的动态联盟信息应用集成体系如图 3-3 所示。

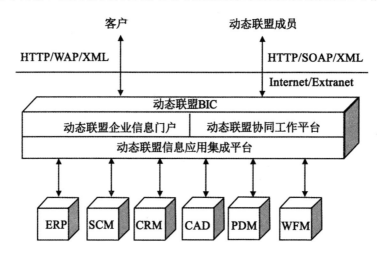

图 3-3　面向协同商务的动态联盟信息应用集成体系

由图可见，动态联盟信息应用集成平台在协同产品商务体系结构中起着承上启下的作用。动态联盟信息应用集成平台为动态联盟快速实现业务的自动化提供了可靠的保证，不仅加快了联盟数据流的自动化进程，而且使联盟的流程具有良好的可重构性，从而保证联盟的 ERP、SCM、CRM、CAD（计算机辅助设计）、PDM 和 WFM 等应用不仅在联盟内部实现集成，还与联盟外部的合作伙伴进行应用集成，如 SCM 系统可以通过 BIC 环境下的动态联盟信息应用集成平台以及与之相关联的动态联盟企业信息门户，用 HTTP/WAP/XML 等协议，与联盟成员和客户实现信息流、资金流的无缝连接。

（四）商务智能技术对动态联盟信息应用集成的支持

在动态联盟 BIC 协同商务环境下，动态联盟虽然可以通过 BIC 及企业信息门户为联盟的相关者提供统一的信息和应用的访问平台或渠道，但联盟成员依然面临大量业务数据或信息，包括联盟内部数据如财务状况、产品销售情况等，以及盟员的外部数据如产品的市场占有率、供应商状况、客户的偏好等。因此，如何快速、有效地从"信息海洋"中获取相关信息，支持动态联盟的各种管理决策，是开展协同商务所面临的一个重要问题；而以数据仓库技术、数据挖掘技术和联机分析处理技术为主体的商务智能技术集成，则为解决该问题提供了有效的方案。

DW 技术利用抽取、转换、加载等手段对联盟内外的各种数据源（如各种业务系统数据库、相关的公共关系资料等数据文件）中的数据或信息进行系统的加工、汇总和整理，按照主题进行组织，形成一个面向主题的、集成的、稳定的、包含历史数据的数据集合。DW 内存储的是关于整个联盟一致的全局信息，它将联盟成员各种离散的信息有机地整合起来，提供了一个统一的信息视图，从而在整个联盟内实现真正的信息共享。OLAP 技术以及 DM 技术，则为用户访问海量信息，从 DW 中获取有价值的信息提供了有效的手段和工具。其中，OLAP 技术使用户能够通过切片、切块、下钻、上卷和旋转等方式对业务数据进行多维度分析与跨维度分析，从不同角度提取相关信息；而 DM 技术则提供了从大量的、不完全的、有噪声的、模糊的和随机的数据中，提取隐含在其中的、人们事先不知道的、但又是潜在有用的信息和知识的手段。显然，DW技术、OLAP 技术以及 DM 技术的集成，促使动态联盟协同商务的相关者能够高效地利用联盟中蕴藏的大量宝贵信息资源，更好地辅助经营管理决策，有效地开展协同商务。

（五）动态联盟战略信息资源管理功能集成框架

动态联盟的竞争优势源于联盟对资源的有效配置所产生的动态能力。动态联盟在对内部资源的优化配置中，将 IT 资源与联盟其他资源结合，使各种资源相互作用形成动态的 IT 能力。动态联盟在与外部资源的组合运营中，依托商务智能，开展虚拟经营，实现了联盟成员间各种资源的优势互补，产生了动态的协同效应。

动态联盟的资源和能力只有在联盟战略逻辑和远景的指导下，才能发挥协同的作用。世界上许多著名的联盟组织通过运用 IT 技术，结合协同商务，加快联盟的信息化进程，整合联盟有效资源，建立了战略信息资源管理功能集成模型，取得了卓越的成果。从实践发展的角度理解，动态联盟的战略信息资源管理功能集成架构是通过对联盟各种资源的有效配置而形成的。动态联盟在信息化建设中，横向结合 SCM、ERP 和 CRM，纵向结合联盟 BIC 环境下的 IT 平台、商务智能和电子商务，构建一个全方位的战略信息资源管理功能集成框架，是形成有效 IT 能力、保持联盟持续竞争优势的需要。

从横向来看，SCM、ERP 和 CRM 将供应商等合作伙伴、联盟成员和客户连为一体，构成了 B2B（business to business，企业对企业）或 B2C（business to consumer，企业对客户）价值链。其中，SCM，即供应链管理，是对动态联盟供应、需求、原材料采购、市场、生产、库存、订单、分销发货等的管理；CRM，即客户关系管理，能够为动态联盟的营销管理提供全面的解决方案；ERP，即企业资源计划，是一个建立在计算机网络基础上的覆盖动态联盟业务全流程的信息化管理系统。SCM、CRM 和 ERP 共同构成了动态联盟的信息应用集成框架，解决了动态联盟内部的"资源孤岛""信息孤岛"问题。

从纵向来看，BIC 环境下的 IT 平台、商务智能和电子商务自下而上构成了动态联盟战略信息资源管理的三个应用层次。其中，BIC 环境下的 IT 平台是动态联盟战略信息资源管理的技术支撑，也是开展虚拟经营的基础设施，它与联盟的人力资源管理、无形资源管理、资本资源管理等业务流程相结合，转变组织工作方式，对联盟流程重新设计，从而使动态联盟形成具有多种竞争优势的 IT 能力；商务智能是维系 IT 平台和电子商务的中介；电子商务是 IT 平台、信息资源管理与联盟业务活动相结合的产物，它与网络经济相对应，是网络经济的承载体，是动态联盟开展虚拟经营和进行战略信息管理的归宿。

依托 BIC，建立动态联盟的战略信息资源管理功能集成框架，其目的主要在于构筑更强的 IT 能力，整合联盟内外部的信息资源，为开展虚拟经营、塑造学习型组织、促进动态联盟的可持续发展，进而实现总体目标奠定基础。

二、商务智能系统与动态联盟 ERP 系统的集成

（一）ERP 的相关内容

ERP 系统即企业资源计划系统，是指建立在 IT 基础上，以系统化的管理思想识别和规划企业资源，为企业决策层及员工提供决策运行手段的管理系统。接下来从三个方面介绍 ERP 的相关内容：

（1）ERP 的发展基础。ERP 是从 MRP Ⅱ（manufacturing resource planning，制造资源计划）发展而来的。MRP Ⅱ 是在 MRP（material requirement planning，物料需求计划）的基础上发展起来的，是反映企业生产计划和企业经济效益的信息集成系统。它是由美国著名的管理专家奥利弗·怀特（Oliver W. Wight）提出的一个概念，由于它的英文缩写也是 MRP，为了与物料需求计划区分开来，人们就将制造资源计划称为 MRP Ⅱ。

ERP 在 MRP Ⅱ 的基础上，还扩展了管理的模块，如多工厂管理、质量管理、设备管理、运输管理和分销资源管理等模块。MRP Ⅱ 的核心是物流，主线是计划；ERP 的主线也是计划，但其将管理的重心转移到财务上，对企业运作和供应链进行全面管理。

（2）ERP 的软件基础。ERP 是综合应用了 C/S 或者 B/S 体系、关系数据库结构、面向对象技术、图形用户界面和网络通信等信息产业成果，以现代管

理理念为灵魂的软件产品。同时，为了满足企业不同信息系统的集成应用要求，ERP 又发展成了具有中间件的企业应用套件。

（3）ERP 管理系统。ERP 把企业看成完整的系统，对企业管理理念、业务流程、基础数据、人力、物力、计算机硬件和软件进行整合，借助计算机和网络技术，对企业内部和外部的有关资源进行全面的监控和管理，按照集成的方式来处理企业的各项活动，把企业各项生产经营活动看成一个紧密联系的有机整体。

刚开始时，ERP 软件的主要目标市场是制造业，包含了有关企业核心的计划和管理的各种功能，后来，随着技术的发展，ERP 不仅能适应制造业，也可以适应其他产业。

（二）ERP 的特点

（1）良好的适应性。可以由一个系统来处理不同的语言、货币、会计准则，而且可以自动地打包并执行那些用于管理不同地点的公司的功能。

（2）业务集成功能。在 ERP 软件包中，相关业务功能间的数据更新是自动并且实时完成的。因此，管理人员可以实时掌握业务的细节，从而根据这些信息及时制订不同的计划。近年来，ERP 系统的功能已扩展到过程质量管理、人力资源管理方面，并与 SCM 系统、CRM 系统等集成起来。

（三）传统 ERP 系统的不足

ERP 系统把许多后台职能整合到一个单一的应用架构之中，在整合企业内部运作方面起着重要的作用。大多数的 ERP 软件都提供了一些决策支持功能，决策支持所涉及的查询可以为最终决策提供一定的帮助，ERP 的查询结果将使决策者对生产销售数据有概括性的了解。但是根据传统 ERP 数据处理的特点，我们不难看出其对决策的支持有着明显的不足：

（1）ERP 是面向事务的处理系统，由于不同层次的管理人员对数据的要求是不同的，因而在对相关问题进行决策支持时，ERP 系统要向不同的用户提供不同的数据，这常常要在日常事务级别上进行，所以会耗费大量的系统资源并且性能低下。

（2）由于 ERP 系统处理的大多是细节数据，它所提供的数据量统计、预测和决策功能都十分有限，提供的查询比较简单，因此很难满足企业日益增长的决策需要。

（3）受 ERP 思想的限制，大多数 ERP 系统的报告、分析和信息传送能力不足，使得 ERP 系统的数据无法上升到决策所需的支持信息层面。企业需要从 ERP 系统和其他事务处理系统中提取相关信息进行二次加工，并进行更深层次的分析和挖掘，如此才能提炼出对当前决策问题真正有价值的信息。

（4）ERP 中跨地域业务往往存在于异构的环境中，企业不易进行统一查询，同时由于地域和时间的变化以及统计标准的不同，ERP 数据的一致性水平不高，因而影响到决策过程。

（5）ERP 系统的维护和客户化开发成本无法控制。由于决策层无法直接获取决策所需要的信息资源，ERP 供应商和企业信息部门便增加了大量的客户化开发工作。同时决策需求的不断变化，也使得开发维护客户的工作量不断增加，企业信息成本不断提高，且呈不可控状态，严重影响了企业对信息化的信心。

为了真正满足企业决策管理的需要，企业有必要在 ERP 系统之上建立一个商务智能系统，从中获得真正有价值的数据。

（四）ERP 的发展趋势

ERP 从深度上将提高对内部供应链的支持能力，从广度上将面向外部全球供应链方向发展。具体说来，ERP 将向以下方向发展：

（1）提高系统适应性。如今的企业面临着越来越大的竞争压力，企业需要降低成本，提高产品质量并对市场做出更快的反应。这些挑战要求企业有更合理的组织结构和更高效的流程管理，因此与以往相比，企业在组织管理与流程管理方面的变动更加频繁。

为应对不断变化的挑战，企业要提高 ERP 系统的适应性，动态企业建模（dynamic enterprise model, DEM）是一个有益的尝试。DEM 的目标是通过使用动态的管理模型来创建一个信息系统，使其适合期望的管理模式和业务流程。

（2）融合商务智能。20 世纪 90 年代以来，随着数据库技术和网络技术的广泛应用，以数据挖掘为核心的商务智能系统开始发挥它的威力。与传统企业信息系统相比，商务智能系统通过最新的数据处理手段对企业数据库中保存的素材进行加工和分析，进而发现潜在未知的规律，并形成新的观点以对未来做出合理的预期，因此商务智能系统是将数据转换成决策知识的过程。作为企业信息系统重要组成部分的 ERP 系统，在集成了商务智能系统的功能后，将不仅仅能推动业务流程的优化，更可以为管理者提供决策支持。

（3）客户关系管理。随着互联网和电子商务的发展，以及客户对产品、服务的个性化需求的增加，企业越来越直接地面对客户。完善客户关系管理系统，以了解客户并尽快满足客户需求为宗旨，成为 ERP 发展的重要内容和企业生存的要素之一。

（4）实现实时处理信息的功能。从 ERP 软件的发展演化过程来看，最早的 MRP 只是周期性或不定期地计算物料需求，发出订单，安排生产。按照这种思路发展而来的 ERP 系统并非实时系统。随着 IT 的发展，企业获取实时信息的途径越来越多，方式越来越便捷，计算机对信息的处理速度也越来越快，竞争的加剧也迫使企业尽可能地实时响应市场的变化。例如，在顾客填写完一份订单后，公司职员会马上知道该订单的详细信息，库存经理会马上看到这份订单对库存的影响，公司老板可以追踪到当前销售的情况。

一般情况下，ERP 系统也应把实时信息包含进来。支持实时处理应为 ERP 系统发展的一个方向。

（5）集成电子商务功能。企业电子商务的开展直接涉及经营业务的方方面面，诸如需求、生产过程、库存状况、生产能力、营销服务、客户管理等，甚至包括许多高层管理决策问题。目前，人们对电子商务关注的重点在于如何将其与现有的业务融合起来。随着网络应用的普及和深入，这种 IT 融合或"e"化过程将逐步发展到新阶段，现代 ERP 系统将具备电子商务的基本特征。新一代的 ERP 被称为电子商务时代的 ERP，具有数字化、敏捷化、网络化、集成化、智能化、柔性化、行业化和本地化等特点。

（五）商务智能系统与 ERP 系统结合的动力和作用

ERP 系统本身只是一个很好的后台管理系统，它无法满足快速变化的商业需要。随着计算机和商务智能技术的发展，20 世纪 90 年代逐步成熟起来的以数据仓库、联机分析处理和数据挖掘为主要内容的商务智能系统能够很好地弥补 ERP 系统的不足。

研究认为，企业将商务智能系统与 ERP 系统相结合的八大商业动力为：

（1）尽快为商务用户提供运营信息。

（2）支持实时决策。

（3）识别与财务流程相关的绩效问题。

（4）监视商务活动以确保最佳的执行。

（5）提供关于供应商、员工和合作伙伴的信息的宏观视图。

（6）在例外和"门槛"的基础上优化商务活动监理流程。

（7）推动商务合作伙伴和供应商访问关键信息，在供应链内整合商务流程决策。

ERP 系统和商务智能系统之间存在着互补关系。在 ERP 系统之上构建商务智能系统能够为企业提供访问、分析存在于 ERP 软件中的信息的工具，能够在提高企业分析能力的同时降低信息技术成本。

具体说来，商务智能系统与 ERP 系统相结合具有以下作用：

（1）帮助企业更快地确认收入，减少过期的应收账款，改进现金流动管理方法。

（2）能与主管人员分享销售数据，跟踪能够带来额外收入的机会，使主管人员在具有对公司的宏观认识的基础上做出更好的商务决定。

（3）推动财务部门制定收入费用报告制度，制定运营预算制度并监督和控制财务结果。

（4）促进部门之间的协作，使各部门成员能对公司的信息有一个真正全面的理解。

（5）使销售人员每天都能够跟踪指标完成情况，提高 ERP 数据的利用率。

（6）通过更好的服务来改进客户关系，改进应付账款管理方法以及与供应商之间的关系。

（7）通过分析营利趋势提高企业的获利能力。

（8）提供对数据的自助式访问服务，节省会计人员的时间，提高工作效率，提高债务追讨成功率。

（9）减少处理月终报告的时间。

在企业内部署作为日常运作的基础设施的商务智能系统，不仅能弥补 ERP 系统的不足，而且能为整个企业创造巨大的价值。企业应该在结合 ERP 系统和商务智能系统时扬长避短，使二者的投资回报最大化。

（六）商务智能系统与 ERP 系统集成的基础条件

（1）数据基础。商务智能系统从不同的数据源中提取有用的数据，并对这些数据进行一系列的处理，使数据变为辅助决策的知识。在长年的业务处理中，ERP 系统产生大量实时的、细节的、面向应用的数据，但是这些数据缺少对历史数据的积累和便于分析访问的有效结构。ERP 系统为商务智能分析提供了数据源；同时，ERP 也需要利用商务智能工具对原来没有合理利用的数据进行分析，形成"计划—执行—分析—决策—调整"的不断优化过程，构成决策和执行的闭环系统，帮助企业将数据变为信息和知识。

（2）性能互补。若直接利用 ERP 数据库中现有的数据进行分析和推理，将影响 ERP 系统的工作效率，并导致繁忙的网络数据传输。数据仓库面向主题的数据存储方式提高了分析和查询的效率。这样，以数据仓库为纽带，将ERP 系统与商务智能系统整合应用，能以较合理的代价取得有效的决策支持，充分地利用数据资源。

（3）技术支持。数据仓库、数据挖掘和 OLAP 技术的发展为 ERP 系统与商务智能系统的整合应用创造了机会。对 ERP 系统来说，数据仓库可以容纳系统长期积累的大量数据，并对这些数据进行有效的组织；对商务智能系统来说，数据仓库能够为它提供集中的、丰富的数据源，提高数据的完整性和安全性。OLAP 和数据挖掘等分析技术，能够验证大量的来自企业 ERP 系统的数据之间的关联性，发现潜在的商机，预测未来的趋势，为企业决策提供支持。

（4）软、硬件条件。由于 ERP 系统和商务智能系统需要在单位时间内处理海量的数据，并对数据进行筛选、抽取、分析、汇总，因此它们对计算机编程语言、服务器、客户端、网络环境均有比较高的要求。动态联盟组织在具体进行商务智能系统与 ERP 系统集成的过程中要根据情况做好软、硬件的系统规划工作。

（七）商务智能系统与动态联盟 ERP 系统集成的特点

商务智能系统的数据可以从联机的事务处理系统、异构的外部数据源、脱机的历史业务数据中提取、清理和转换，并按决策主题所需进行重新组织，从而搭建一个作为决策支持系统和联机分析应用数据源的结构化数据环境。

在 ERP 系统与动态联盟商务智能系统的集成系统环境中，ERP 系统、OLAP技术、DW 技术、DM 技术组成集成环境的工具层。在技术上，ERP 系统的重点在于快速、准确、安全、可靠地将数据收集到数据库中，DW 技术用于信息的存储和组织，OLAP 技术侧重于信息的决策分析，而 DM 技术则偏向于发现重要的、隐藏的知识，它们相辅相成，互相促进。

商务智能系统与动态联盟 ERP 系统的集成具有以下特点：

（1）ERP 系统收集、存储、处理大量的基础数据，是集成系统的数据来源。

（2）DW 技术在整个集成系统信息架构中扮演着重要的角色，不仅支持从源系统中提取数据，而且帮助用户对信息进行访问。DW 技术对 ERP 系统中的数据进行统一整合，形成全局的数据视图，构成商务智能系统的信息基础。

（3）OLAP 技术利用数据仓库中的信息，构建多维数据视图，采用多维分析方法进行数据分析。在 ERP 系统的基础上引进联机分析处理技术之后，联盟的预算、计划就不会再被 ERP 系统的局限束缚，这种灵活性和力量在不断变化着的商业环境中非常重要。

（4）DM 技术能有效地从大量数据中挖掘出决策所需的知识，做出预测性分析。

目前，商务智能解决方案的提供方式主要由 ERP 厂商提供和商务智能专业厂商提供。由 ERP 厂商提供的商务智能解决方案，是根植于原来的 ERP 系统中的，因此与原来的 ERP 系统有较好的兼容性，数据读取或分析的前置工作较容易进行。而由专业商务智能厂商提供的商务智能解决方案，则由于专业分工的细致化、相关商务智能经验和资源的积累较为丰富，往往能支持各种异质数据源的处理，数据挖掘和发现的方法相对丰富。因此，商务智能解决方案的选择要结合动态联盟自身的实际情况进行。

总之，随着全球一体化的深入，竞争愈演愈烈，商务智能系统与 ERP 系统的集成应用越来越受到动态联盟组织的重视。商务智能系统和 ERP 系统的集成应用，能让双方取长补短，促使动态联盟的计划、执行、分析和决策不断优化，促进决策和执行的良性循环；能够更好地利用联盟的信息资源，降低联盟信息成本，提高动态联盟在 IT 投资上的回报率。集成商务智能系统与 ERP 系统已经成为动态联盟发展的一个重要方向。

三、商务智能系统与动态联盟 CRM 系统的集成

（一）CRM 的含义

可以从以下几个方面来理解 CRM 的含义：

（1）CRM 首先是一种管理理念。它起源于西方的市场营销理论，产生和发展于美国。CRM 理念的核心是将企业的客户（包括最终客户、分销商和合作伙伴）作为最重要的企业资源，通过完善的客户服务和深入的客户分析来满足客户的需求，保证客户价值的实现。

（2）CRM 又是一种新型管理机制。它要求企业从"以产品为中心"的模式向"以客户为中心"的模式转变。也就是说，企业关注的焦点应从内部运作转向客户关系，企业的业务流程和组织流程的重点应从"产品"转向"客户"。

（3）CRM 也是一种管理软件和技术。它将商业实践与数据挖掘、数据仓库、一对一营销、销售自动化以及其他信息技术紧密结合在一起，为企业的营销、客户服务和决策支持等活动提供有效的解决方案，从而顺利实现由传统企业模式到以电子商务为基础的现代企业模式的转变。

（二）CRM 的发展趋势

放眼未来，数年内，CRM 将不可避免地出现许多新的变化，具体表现在：

（1）企业与企业之间的 CRM 将随合作型商务的崛起和成熟而变得日益重要，并将渗透到整个供应链和供应网中，形成良好的 CRM 生态系统。企业必须与业务伙伴、供应商和客户建立紧密的协作关系，通过节约时间、降低成本，给客户更好的体验，创造更大的价值。

（2）分析型 CRM 将得到越来越多的关注。很多企业首先实施的是操作型 CRM，如销售人员自动化和客户服务中心建设；接着实施的是分析型 CRM，分析型 CRM 有时也称作与 CRM 有关的商务智能。分析型 CRM 以 DW 技术、DM 技术、OLAP 技术和 DSS 技术为支撑，可以对大量的销售、服务、市场及业务数据进行整合，从完整的和可靠的数据中提取有用的、可靠的信息，再将信息转化为知识，从而为客户服务和企业决策提供依据。

CRM 和数据仓库之间的诸多协同点（见图3-4）是分析型 CRM 存在和发展的重要推动力。企业对分析型 CRM 的兴趣主要体现在三个方面：一是把分析型 CRM 当作商务驱动器，二是利用分析型 CRM 扩展对数据的访问途径，三是利用更高级的数据挖掘技术获得和利用更多的关于客户的见解。商务智能通过监视 CRM 过程，在适当的时候提示员工并通过提供必要的管理和状况更新报告，使 CRM 过程更加有效率。管理人员应把 CRM 目标设定和商务智能结合起来并重新设计流程，提供更完整的客户视图，以此创造更多的额外价值。

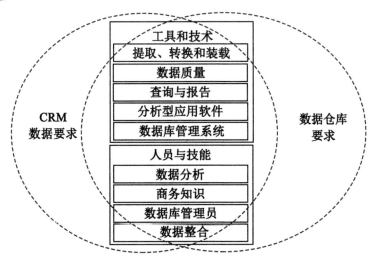

图 3-4 CRM 和数据仓库之间的诸多协同点

（3）现在，企业正日益向协作型 CRM 系统靠拢。协作型 CRM 使企业的业务伙伴、客户可以参与协作型客户服务。协作型 CRM 将多种与客户交流的渠道（如电话、传真、E-mail 等）紧密集成在一起，保证了通信渠道的有效性和一致性。协作型 CRM 包括客户自助服务及反馈系统、伙伴关系管理（partner relationship management, PRM）等。伙伴关系管理应用借助 CRM 系统工具来加强企业与分销商、代理商等业务伙伴的协作，协调并优化所有营销渠道的客户销售与服务工作。

今天，制定协作型 CRM 解决方案时，不仅要将操作型 CRM 和分析型 CRM 结合起来，还要将它们和企业的核心业务应用（包括 ERP）结合起来。操作型 CRM 使企业完成从市场、销售到服务的全部业务流程的自动化，可以采集客户数据，进而为分析型 CRM 提供分析数据。而协作型 CRM 是基于操作型 CRM

和分析型 CRM 构建的。CRM 的三种应用系统之间的基本关系如图 3-5 所示。

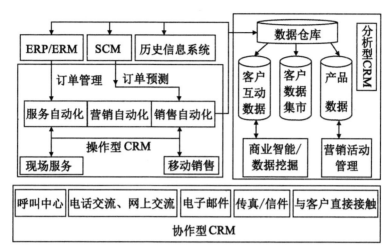

图 3-5　CRM 应用系统之间的关系

（4）很多企业正在 Internet、Intranet 和 Extranet 上建立基于 Web 的 CRM 门户，它成为客户访问的公共网关，成为服务于客户、员工以及业务伙伴的运作型、分析型和协作型 CRM 工具。

（5）CRM 中的业务流程还需要接受一体化的挑战。

（6）CRM 软件方案的标准化和兼容性问题将日益突出，并且估计在短期内无法得到根本解决。

（三）动态联盟 CRM 系统的特点

动态联盟是一种新型的组织合作模式，是多个独立企业为了实现一个共同的市场目标而组成的一种合作组织。在以往的研究中，针对单个企业的 CRM 应用和 CRM 系统技术实现的研究较多，而针对动态联盟环境下 CRM 应用的研究并不多见。事实上，从 CRM 的角度研究动态联盟的运作具有重要的现实意义。

动态联盟 CRM 有以下重要特点：

（1）动态联盟 CRM 要建立在先进的网络基础上。动态联盟 CRM 的功能是由动态联盟成员共同协作实现的，各联盟成员要共享收集到的客户信息，进行信息通信。而各联盟成员所掌握的信息可能是异构的，数量也不同，要统一对这些信息进行处理和分析，必须依靠先进的网络技术。

（2）动态联盟 CRM 能得到精确、丰富的客户信息。动态联盟由许多联盟成员组成，包括供应链末端的分销商。各成员收集信息的渠道多种多样，并且各联盟成员具有大量不同的客户，所以各成员收集的信息也是多种多样的。动态联盟的一个特点就是资源共享，包括客户数据共享，所以动态联盟 CRM 收集到的客户数据容量大、内容丰富、确切真实。在这样高质量的数据基础上分析得到的客户信息不但精确而且丰富。

（3）动态联盟 CRM 的实现形式是虚拟的。动态联盟是为了实现一定的市场目标而建立的合作组织，动态联盟的 CRM 随联盟的形成而形成，随联盟的解散而解散。所以，为动态联盟组建一个专门的 CRM 部门是没有必要的。动态联盟 CRM 有特殊的组织形式，它的功能可由所有的联盟成员的 CRM 共同实现。

（4）动态联盟 CRM 是一个分布式的运作系统。由于动态联盟 CRM 的功能是由各联盟成员的 CRM 共同实现的，各成员的 CRM 必须协调工作才能保证信息的一致性、及时性和真实性，所以动态联盟的 CRM 集成了分散的 CRM，是一个分布式的协作系统。

（四）商务智能系统对动态联盟 CRM 系统的支持

在 CRM 的解决方案中，商务智能的应用非常普遍。随着知识经济时代的来临，利用客户与市场数据能力的高低已经成为决定企业动态联盟成败的关键因素，越来越多的国内外企业联盟已经根据信息流和数据分析技术进行联盟重整，传统的数据记录和分析技术逐渐被更先进的商务智能技术代替。

目前，流行的 CRM 整体解决方案不但具有客户数据的采集、业务处理的流程化等运营型 CRM 的管理功能，而且将数据仓库、数据挖掘等相关技术引入，能够进行基于客户相关数据进行的分析和营销、销售和服务的部门级辅助决策支持，并能为高层领导提供联盟全局的辅助决策支持，实现运营与分析的闭环互动。

CRM 运营系统通过多种渠道与客户进行互动，通过市场营销、销售和服务等业务流程的管理，将客户的偏好、行为习惯、交易数据、信用状况等信息收集并整合在一起，再将这些运营数据和外来的市场数据经过整合和变换，装载到 DW 系统中。

DW 系统将海量复杂的客户行为数据集中起来，建立一个整合的、结构化的数据模型，在此基础上对数据进行标准化、抽象化、规范化的分类和分析，为联盟业务部门提供有效的反馈数据，为联盟管理层提供及时的决策信息。

OLAP 技术和 DM 技术是商务智能的关键技术，是用于客户数据分析的有力工具。CRM 分析系统运用 OLAP 技术和 DM 技术等，从 DW 系统中分析和提取相关规律、模型和趋势，让客户信息和知识在整个联盟组织内得到有效的流转和共享，并进一步将其转化为对联盟的战略规划、科学决策和各业务流程的辅助支持，用于提高在所有渠道上联盟同客户交互的有效性和针对性，把合适的产品和服务，通过合适的渠道，在适当的时候，提供给适当的客户，从而实现联盟利润的最大化。

（五）商务智能系统与动态联盟 CRM 集成的信息流

动态联盟的 CRM 是一个复杂的网络系统。它由每个联盟成员的 CRM 组成，每个联盟成员的 CRM 既要承担自身的 CRM 功能，还要承担一部分动态联盟 CRM 的功能。动态联盟必须拥有接收和发送信息的平台，要保证信息的安全性和保密性，还要根据事先达成的协议协调动态联盟 CRM 的运行。

动态联盟的 CRM 是建立在网络基础上的，以便从各种渠道获得信息。联盟成员之间要实现信息共享和应用的互操作，保持数据的一致，并对 CRM 的数据进行统一管理。为了达到这一目标，动态联盟达成了一定的数据共享的协议，由联盟盟主 BIC 统一管理和协调。同时，联盟盟主 BIC 可以在联盟原有 CRM 的基础上建立一个中心数据仓库，所有的联盟成员按照联盟协议将清洗过的客户数据汇总到联盟盟主 BIC 的中心 DW,由联盟盟主 BIC 统一对数据进行整理、分类统计,然后挖掘出有价值的客户信息。动态联盟根据此信息做出各种商业计划和决策,满足客户个性化的需求。各联盟成员有各自的 CRM,它们对自己的客户负责,并把自己收集到的客户数据送到联盟盟主 BIC 的中心数据库,同时将动态联盟 CRM 挖掘出的客户信息存入自己的 DW 中。某个联盟成员如果已经分析出有价值的客户信息,便可将这些有价值的客户信息直接传送到联盟盟主 BIC 的中心数据仓库。BIC 环境下动态联盟 CRM 的信息流如图 3-6 所示。

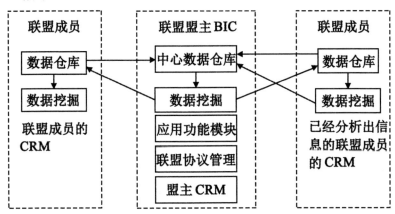

图 3-6　BIC 环境下动态联盟 CRM 的信息流

（六）商务智能系统与动态联盟 CRM 集成的协调模型

一般企业的 CRM 主要是为企业自身服务,具有客户、产品、营销、销售等方面的管理功能模块,在客户管理业务自动化基础上收集的信息是同构的,经过简单处理,就可以存储在 DW 里。

由于动态联盟的 CRM 是临时由联盟成员的 CRM 联合形成的一个基于网络的分布式系统,联盟成员的 CRM 之间要达成一定的协议以保证动态联盟 CRM 的协调运行,而且动态联盟收集到的信息大部分是异构数据,集成异构数据是动态联盟 CRM 必不可少的功能,所以动态联盟的 CRM 除了具有呼叫中心、销售管理、客户管理、数据仓库和数据挖掘等一般功能，还有一些特殊功能。动态联盟 BIC 要负责动态联盟 CRM 的统一管理，它的特殊功能模块包括联盟协调管理、通信管理、分布式信息管理、数据接口等。动态联盟其他成员的 CRM 和动态联盟盟主的 CRM 功能很相似，但前者没有联盟协调管理功能。基于 BIC 的动态联盟 CRM 集成的协调模型如图 3-7 所示。

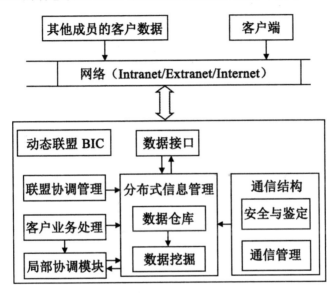

图 3-7　基于 BIC 的动态联盟 CRM 集成协调模型

图 3-7 中各功能模块的作用如下：

（1）联盟协调管理。动态联盟成员之间达成一定的协议来共同管理 CRM，协议的管理和联盟的协调工作就由这一模块完成。

（2）数据接口。动态联盟 CRM 通过网络从联盟成员那里收集的客户信息和从客户那里收集的客户信息的结构并不相同，所以 CRM 要通过数据接口将这些异构数据转变为 BIC 能够识别的数据结构形式，以便于存储和分析。

（3）分布式信息管理。联盟成员要想共享 CRM 的客户信息，保证 CRM 的数据一致，就必须采取分布式信息管理。这一模块把 CRM 的信息统一存储在动态联盟 BIC 的中心数据仓库，使中心数据仓库中的数据和联盟成员的客户数据保持一致，并及时刷新联盟成员的客户数据，进行数据挖掘，分析出的有价值的客户信息将由动态联盟成员共享。

（4）通信结构。动态联盟 CRM 的通信是通过网络进行的，所以这一模块负责网络通信的信息安全与鉴定、通信协议和标准的管理等。

（5）客户业务处理。负责联盟成员自己的客户业务管理，包括呼叫中心、销售管理、营销管理等。

（6）局部协调模块。负责 CRM 与联盟成员其他信息系统的协调工作。

四、商务智能系统与动态联盟 SCM 系统的集成

SCM，即供应链管理，其跨越企业中的多个职能部门，是企业活动的集合，通过对信息流、物流、资金流的控制，从采购原材料开始，到制成中间产品以及最终产品，最后通过销售网络把产品送到消费者手中。

（一）SCM 的实质

SCM 是指企业对整个供应链系统进行计划、协调、操作和优化的各种活动与过程。

SCM 的实质是在提高客户服务水平与降低系统成本之间谋求平衡。其目的是通过提高所有相关过程的速度和确定性，使所有相关过程的净增加值最大化，并提高组织效率和效益。

SCM 是基于供应链网络上的各组织或部门共同战略目标的管理，它将整个供应链看成一个有机整体，体现了系统管理的思想。

（二）敏捷供应链的提出及其功能

供应链概念于 20 世纪 80 年代初提出，经过若干年的发展，供应链管理已

经逐渐走向成熟，但还存在很多缺陷：

（1）供应链上的企业之间没有实现高度的信息集成。

（2）供应链的敏捷化在一定程度上没有得到实现。

（3）没有在 SCM 中实现智能决策。

（4）一些与 SCM 密切相关的因素没有被包括在 SCM 的范畴之中。

进入 21 世纪，网络技术得到了更为广泛的应用。网络上的企业不仅要进行网上交易，更重要的是，它们都是组成供应链的一个元素。在这种新的商业环境下，所有的企业都将面临更为严峻的挑战，它们必须在提高客户服务水平的同时努力降低运营成本，必须在提高市场反应速度的同时给客户以更多的选择。同时，Internet 和电子商务的发展也使供应商与客户的关系发生重大的改变，供应商不再仅仅将关注的重点放在简单的产品销售上，而是更多地关注如何以更好的服务满足客户的需求。越来越多的客户不仅看重购买产品的质量，更看重生产该产品的企业提供的服务和情绪价值。企业必须更加细致、深入地了解每一个客户的个性化需求，提供长期的服务，这样才能巩固其与客户的关系。供应链在企业联盟中起着纽带的作用，而现代国际市场竞争环境多变，企业之间由单纯产品质量、性能方面的竞争转向企业所在的供应链之间的竞争，企业联盟的状态由过去的静态转变为现在的动态，这就要求供应链这条企业间的纽带必须具有敏捷的信息管理方式。在此背景下，敏捷供应链应运而生。

敏捷供应链概念的提出，赋予了供应链新的含义，并提出了新的要求。敏捷供应链与一般供应链的区别是，它可以根据动态联盟的形成和解体过程，进行快速的重构和调整。敏捷供应链要求能通过供应链管理促进联盟成员间的联合，进而提高动态联盟的敏捷性。

敏捷供应链支持如下功能：

（1）支持企业迅速结盟以及结盟后动态联盟的优化运行和平稳解体。

（2）支持动态联盟成员间敏捷财务管理系统功能的发挥。

（3）使联盟成员能根据敏捷化和动态联盟的要求方便地进行组织、管理和生产计划的调整。

（4）可以集成其他的供应链系统和信息管理系统。

（三）动态联盟环境下敏捷供应链管理的新特征

动态联盟的供应链具有集成性、动态重构性、结构复杂性、敏捷性和多赢性的特点。在动态联盟环境下，各联盟成员具有明确的供需关系，联盟成员自身的经营运作也需要供应链的支持，动态联盟的内部供应链由此形成。而动态联盟组织与外界（如供应商、产品零售商、最终消费者等）也存在着联系与合作，由此形成了动态联盟的外部供应链。所以，高效率的动态联盟供应链管理是一种全面综合地协调、管理整个供应链的构建和运行的过程。集成动态联盟内、外供应链的全面供应链管理，要考虑动态联盟的内、外部供应链之间的相互作用，协调和平衡二者之间的冲突。

由于供应链的组成结构及运作情况直接关系到联盟的整个经营过程，因此动态联盟必须努力提高整个供应链中物流的通畅性，以使所有与联盟经营相关的过程、人、信息有效地集成。

动态联盟环境下的敏捷供应链是高度集成的网链结构，它具有如下新特征：

（1）采用用户需求拉动的牵引式运作方式。

（2）电子商务技术为敏捷供应链管理提供了有效的支持。电子商务的兴起是一场由技术手段飞速发展而引发的商品运作模式的革命，它改变了传统经济活动的生存基础、运作方式和管理机制，对供应链管理产生了深远的影响。电子数据交换技术、条码技术、射频技术等使过去单纯的原材料与产品购销单一对应的供应链结构发展成为一个由产品制造商、原材料供应商、商品零售商等在内的多个主体构成的供应链网络。通过这个供应链网络的协同，动态联盟可以最大化发挥供应链的功能，使企业间实现高度信息共享，使供应链透明化、同步化，从而实现收益最大化。

（3）敏捷供应链强调企业间的利益共享和风险共担，帮助实现企业间的精诚合作并创造一种共同盈利的合作机制。

（4）对客户的服务质量高，提高客户满意度。

（5）能够对客户需求的变化进行快速响应。

（6）商务智能系统对敏捷供应链上的信息流、物流、资金流等进行优化和整合，提高了供应链运营的效率，使供应链具有更高的适应性。

（7）基于知识的管理智能性。通过集成数据仓库、数据挖掘、联机分析处理等决策支持技术加强动态联盟的知识管理功能。

（四）商务智能系统在动态联盟敏捷供应链管理中的应用

供应链管理，即利用计算机网络技术全面规划供应链中的商流、物流、信息流、资金流等，并进行计划、组织、协调与控制等。商务智能及其应用系统能够对供应链中产生的业务数据进行有效管理、分析，从而对供应链的信息流、物流和资金流等进行计划、组织、协调与控制，为决策者提供决策的依据。

由于供应链管理活动会产生大量的数据，因此联盟组织必须利用商务智能工具整合并分析这些数据，以此来改进供应链管理过程中的决策过程，减少资源浪费，提高经营效率和客户满意度。从供应链管理系统的数据收集系统中提取数据并加以分析，能够帮助动态联盟识别运营趋势，针对供应链流程做出更有依据的决策，使其进行流程调整，从而在总体运营成本更低的情况下更好地满足客户需求。对动态联盟供应链的海量数据进行分析，还能够帮助动态联盟找到原材料，找到并评估供应商，更加有效地制造产品，更好地评估客户需求，以更有竞争力的价格和质量及时向客户提供产品。已经有很多联盟组织使用商务智能工具来支持供应链管理并从供应链管理软件中获取更大的价值。

商务智能系统在动态联盟敏捷供应链管理中的应用包括以下几个方面：

（1）协同合作管理。动态联盟供应链上各节点成员间的协同合作是供应链管理的核心内容。动态联盟供应链管理的关键在于动态联盟供应链各节点成员间的连接和合作，以及相互之间在设计、生产、竞争策略等方面良好的协调。动态联盟敏捷供应链的协调内容主要有：供应和生产协调、生产和分销协调、库存和销售协调。

商务智能系统是以一种交互透明的方式使供应商、制造商和客户进行信息交流的系统，使各方在对产品的开发、生产及销售过程中进行协同合作。商务智能系统帮助联盟决策者通过 Web 对供应商进行电子询价，并使用聚类分析算法等一系列技术帮助决策者从中选择合适的战略伙伴，并协助其对订单进行管理，从而达到供应和生产协调的目的。在生产过程中，商务智能系统通过基于 Web 的看板系统对供应链的各节点企业进行协调，达到生产和分销协调的目的。商务智能系统使用地理信息系统对第三方物流进行管理，并使用客户关系管理系统管理客户信息，从而达到库存和销售协调的目的。

（2）生产制造管理。商务智能系统下的生产管理能根据现有可调配的人力、物力等资源优化生产流程；采用基于 Web 的先进制造技术对动态联盟供应链进行生产管理；采用各种优化模型确定主生产计划，这些优化模型有随机优化模型、线性/非线性优化模型、动态优化模型等；对客户需求进行分析，根据销售预测模型对动态联盟供应链的生产制造进行动态管理；随着市场的变化，调整供应链的供需平衡点，从而达到供应链的供应、生产、库存、销售之间的有机协调。

（3）产品销售管理。产品销售管理包括制定产品的销售策略、分析销售量、分析影响产品销售的因素，以及预测产品销售的改进方案等。商务智能系统通过数据仓库中存储的产品销售信息建立销售模型，并通过 OLAP 技术进行多维分析（如将销售模型分为总体销售模型、区域销售模型或部门销售模型），分析产生不同结果的销售模型的销售量和销售策略，同时进行销售影响因素的分析和评估，通过对动态联盟历史数据的比较分析构建提高销售量的预测模型，最终提高动态联盟供应链企业的营销额。

（4）客户关系管理。客户关系管理也就是对客户信息进行分析处理并做出决策的过程。商务智能系统通过数据挖掘技术对客户进行分类，帮助动态联盟识别最具消费潜力的客户群，从而提高客户满意度。

总之，商务智能在动态联盟敏捷供应链管理中的推广应用，将充分挖掘动态联盟供应链上各节点成员的潜力，提高供应链的产品服务创新能力，增强动态联盟供应链上各节点成员的核心竞争力，并大大降低供应链的运作成本，使供应链得到优化。

（五）供应链的集成层次、过程与内容

目前，动态联盟供应链仍处在发展阶段，供应链管理中存在着的不确定性给动态联盟供应链的管理带来了很多困难，如信息畸变问题、"牛鞭效应"问题（营销过程中的需求变异放大现象）、信息瓶颈问题、决策困难问题等。要解决这些问题就需要构建面向决策的智能化供应链集成系统。动态联盟供应链的集成层次、集成过程与集成内容如表 3-1 所示。

表 3-1　供应链的集成层次、集成过程与集成内容

集成层次	集成过程	集成内容
数据层	底层内部数据集成	在供应链核心企业内部实现数据流的无缝集成。此部分为整个平台的核心与基础
信息层	企业应用集成	在企业内部实现异构系统多源信息的整合，从而实现企业应用集成
	供应链企业系统整合与信息共享	在供应链各节点企业之间进行信息交流，实现交易程序自动化
知识与决策层	业务流程管理	在交易程序自动化的基础上对企业的操作程序与上下游厂商进行协调，实现供应链的业务流程管理
	知识发现与决策支持	在业务流程管理的基础上为企业提供决策服务，是实现高层次集成的条件。尤其在企业数据冗余的情况下，进行信息集成、数据挖掘与知识发现是十分必要的

实现数据层、信息层、知识与决策层的智能化集成要求多种信息技术与人工智能方法结合应用。典型的应用是在联盟中运用组件化松散耦合的动态集成技术（如 Web Service、分布式组件以及以 XML 为核心的信息技术等）实现动态联盟供应链的无缝集成，并在此基础上结合智能主体理论与商务智能等方法

实现知识管理、决策支持等更高层次的智能集成。

（六）敏捷供应链动态集成技术与智能化方法

对于供应链动态集成问题，组件化松散耦合技术为其提供了极佳的解决方案。当前典型的、主流的应用主要有以下几种：

（1）由基于远程过程调用的组件开发技术搭建的分布式、多层应用体系架构已经成为企业应用开发的主流解决方案。目前，流行的组件模型有两种：组件对象模型（component object model, COM）和公共对象请求代理体系结构（common object request broker architecture, CORBA）组件模型。组件化的集成解决方案是专为实现具有简单性、可伸缩性、高性能和高可靠性的快速部署而设计的，它将针对具体行业、企业的特殊需要形成可重构的、无缝的集成方案。

（2）XML 与 Java 等相关技术构成了异构平台整合的核心。XML 与 Java 等相关技术的结合将实现面向消息的异步通信模式，从而使供应链系统工作流协同自动化。通过提供消息传递和消息排队模型，异步通信模式可以实现分布式环境下扩展进程间的通信。消息队列模型按照商业规则设置消息优先级，并在应用的另一端按照异步消息到达系统的顺序处理队列中的消息。这种消息系统是一种点对点（peer-to-peer）的系统。

（3）Web Service 是一种部署在 Web 上的对象，因此具有对象技术所承诺的所有优点。同时，Web Service 的基石是以 XML 为主的、开放的 Web 规范技术，因此具有比任何现有对象技术都好的开放性。采用基于 XML 技术的 Web Service 来实行对企业内部功能的封装，便于实现企业间系统集成组件化松散耦合的目标。

随着电子商务和商务智能的迅猛发展，供应链的智能集成已成为一种发展趋势。智能化的供应链集成主要采用人工智能技术、专家系统、基于规则的决策支持管理方法等实现从信息管理到知识管理的转变，从而为供应链决策问题提供科学的解决方法。目前的智能化供应链的研究热点是商务智能技术与智能主体方法。前者可以实现信息的集成、知识的挖掘与发现，后者主要通过应用多智能主体系统实现分布式系统决策问题的求解。

智能化供应链集成的基本思想是将供应链管理系统的内在机制视为由相互协作的智能代理模块组成的网络，每个代理模块实现供应链的一项或几项功能，每个代理模块又与其他代理模块协调运作，共同实现决策问题的求解。为了加强供应链的分析功能，供应链系统在功能上采用多层结构：在数据库层实现对数据的存储；在商务逻辑层和基本服务层集成了基本的管理智能和商务智能，根据企业实际需要动态地维护规则化的管理知识和商务知识；在界面层实现系统与用户的实时交互与操作。在实际应用中，动态联盟供应链企业往往要在构建数据仓库的基础上，利用联机分析处理与数据挖掘等技术，通过结合多种方法实现实时的分布式知识管理与决策支持。

（七）基于 BIC 的动态联盟敏捷供应链智能集成架构

敏捷供应链管理的实现是一个复杂的系统工程，如何采用有效的方法和技术实现对现有企业信息系统的集成和重构，保证它们和联盟成员的其他信息系统之间的信息畅通，是供应链管理系统要重点解决的问题。另外，供应链管理系统还要解决多种异构资源的集成和优化利用问题。在跨企业的生产计划调度和资源控制方面，联盟内各成员的信息系统往往是异构的，如何有效地利用这些资源，支持它们之间的协同工作，也是有效的供应链管理系统必须解决的问题。

基于 BIC 的敏捷供应链智能集成平台以 Web 服务器为媒介，以商务智能技术的综合应用为主旨，向供应链的各企业发布信息。我们知道，商务智能中的 DW 技术是一种信息管理技术，OLAP 技术是一种数据分析技术，DM 技术是一种知识发现技术。并且，它们之间存在着内在的联系性和互补性。将这三种技术有机地结合起来，发挥它们各自的特长和互补作用，就能构建敏捷供应链决策支持系统。图 3-8 给出了基于 BIC 的动态联盟敏捷供应链智能集成架构。

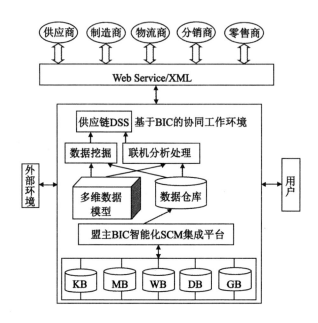

图 3-8 基于 BIC 的动态联盟敏捷供应链智能集成架构

在该集成架构中，通过盟主 BIC 智能化 SCM 集成平台，供应链决策支持系统对来自供应商、制造商、物流商、分销商、零售商等合作企业的各种数据库中的数据进行提取、转换、综合。BIC 中的 DW 以及建立在 DW 基础上的供应链决策支持系统构成 B/S 结构的数据库服务器，它通过 Web 应用程序服务器与位于各联盟成员客户端的浏览器以 XML 的方式进行数据交互。

在该集成架构中，盟主 BIC 智能化 SCM 集成平台是由动态联盟盟主所搭建的信息共享平台，主要收集动态联盟供应链中知识库、模型库、方法库、数据库、图形库的信息，并及时处理和发布信息，使供应链内各个环节能够实现信息交流，是整个供应链信息集成的核心部分。

基于 BIC 的动态联盟敏捷供应链智能集成平台主要包括五个层次：

（1）系统平台层。提供系统基础平台，包括系统软件、数据库、服务器等。

（2）应用平台层。是建立应用解决方案的集成/协同、人机交互和应用开发的基础，支持总体架构的稳定性与可扩展性。

（3）应用部件层。进行业务领域的细分，在系统平台的基础上建立可管理的应用部件。

（4）解决方案层。通过应用部件的组合，形成满足特定业务领域需求的解决方案。

（5）行业解决方案层。通过对垂直行业的细分，扩展应用部件，提高解决方案的行业适用性，形成行业解决方案。

在敏捷供应链集成方面，作为一种通用的数据表示方法，XML 能帮助不同系统、平台间进行事务信息的交互。该应用体系以 XML 为框架，以 Web Service 为主体，以电子商务和商务智能为平台，集成联盟企业内部及外部的信息系统应用和数据，来完成各类协同流程和应用部件的研发。

总之，供应链是一个复杂的、分布式的系统，在供应链的增值链上，数据、信息、知识和智慧四个层次的转化存在很多困难。例如，存在大量的信息、知识孤岛；大量知识资本以隐性方式存在，从而导致决策困难。因此，对信息内容进行挖掘、提炼、比较、分析、概括、判断和推论，从而将信息提升为知识，将知识变为联盟核心资产，是动态联盟供应链智能集成的一个难点问题。

要形成智能化的知识管理，解决供应链智能集成问题，今后要做的工作还有很多：

（1）在分布式环境下，在完成多数据源信息集成的基础上，实现对知识与资源的一体化管理，并支持动态的知识发现。

（2）实现知识级的供应链动态联盟，并有效地融合知识管理思想，实现知识表示、重用、交换与共享等。

（3）在供应链环境下实现对已有知识的理解、认识、选择、抽取、汇集、分类与组织，保证已获取知识集合的一致性、完整性。

（4）实现信息技术与多种智能化方法的结合，以构建一个联盟资源不断集成、流程不断优化、知识不断提炼的共享的供应链智能化集成系统。

第四章　商务智能技术
在零售业的应用

第一节　商务智能技术在零售业的
应用方向

一、零售业务优化

目前，零售企业的信息系统、后台管理、分析功能已经无法完全满足发展的需要，传统的零售业务面临着如下问题：

（1）传统的零售销售系统缺乏灵活性；

（2）各系统之间的数据缺乏一致性；

（3）数据缺乏有效的利用手段。

商务智能技术的引入可以有效地解决上述问题，帮助企业更好地进行库存管理、产品促销等，实现对零售业务的全面优化。具体体现在如下几个方面：

（1）帮助企业快速、准确地制定营销策略。商务智能能快速搜集最底层的数据，生成准确、及时和全面的数据报告，帮助决策者快速、正确地做出决策。

（2）推动企业连锁体系的扩张。商务智能能针对零售行业的特殊需求，提供专业模块，优化业务流程，为企业的快速扩张提供强有力的、低成本的、高效率的零售管理平台。

（3）与客户建立良好的共赢关系。商务智能通过系统的统筹调配，为企业制订准确的销售计划和促销手段，快速响应客户的需求；帮助企业及时掌握最终消费者的需求动向，快速调整产品结构和销售策略，实现对客户需求的迅速响应。商务智能通过 VIP（very important person，贵宾）管理，支持企业为消费者提供高质量的服务，提高客户满意度，为企业发展培养稳定的客户群体。

（4）库存的合理分布。通过商务智能，零售企业可以及时准确地了解到总部和各零售门店的库存情况，便于将库存保持在一个合理的范围内，在保证畅销商品供应充足的同时，避免商品的库存积压。

（5）完善促销决策。商务智能支持零售经理有效地实现从总部到店铺的端对端运营，便于零售经理根据实际完善促销决策。

二、日常经营分析

（一）商品分析

商品分析的主要数据由商品基础数据和销售数据组成，据此产生以分析结构为主的分析思路。利用商务智能，企业可以从商品分析中找到重点商品、畅销商品、滞销商品、季节商品等商品类型，以及商品广度、商品深度、商品淘汰率等多种指标，并通过对这些商品类型和指标的分析来调整商品结构，进行合理配置，以提高企业的竞争能力。

商品分析主要包括商品价格分析、商品流通周期分析、商品利润率分析等。

1.商品价格分析

商品价格分析主要是通过记录商品的实时价格来分析商品的价格走势的。这一分析的目的主要是帮助企业分析及预测商品单价，确定不同类型商品的销售结构等。

2.商品流通周期分析

商品流通周期直接影响企业的经营效率。企业经营效率与商品流通周期成反比，商品流通周期越长，企业经营效率就越低。商品流通周期分析可以帮助企业按照流通特征对商品进行分类，按照分类结果安排商品采购以减少库存积压，缩短流通周期，提高经营效率。

3.商品利润率分析

商品利润率分析主要是商品毛利率分析、商品成本分析等，其主要帮助企业分析利润率、毛利率，及时调整经营模式。

（二）销售分析

销售分析以商业销售数据为基础，分析商品销售情况、商品销售结构、销售金额增长趋势、销售毛利增长趋势、供货商销售毛利贡献排行情况、商品毛利贡献情况、销售毛利率变化趋势、主打商品销售趋势等。

诸如此类的复杂指标在源数据库中是无法得出的，故虽然这些指标的用途很多，但由于没有合适的办法，这些指标的重要性并没有被人们察觉。

直到商务智能的出现，这些指标才重新获得管理者和分析者的重视。通过商务智能进行销售分析，企业可以得到当前企业总体销售情况、销售增长情况、销售变化情况、销售模式结构情况（自营、代销、租赁的结构情况）等，由此完善销售策略，增加企业利润。

（三）会员卡分析

会员卡分析主要是对顾客用会员卡消费的情况进行分析，主要分析会员卡消费时间区间、会员卡消费走势、会员卡消费特征(主要消费哪些类别的商品)、会员卡资金流通周期等。

会员卡分析模式相比专门的顾客调研分析具有很多明显优势：首先，门店在进行顾客抽样问卷调查时至少得有 500 份样本，想要消费者配合调研工作，商家可能还要送出一些礼品，这样就需要花费一定的人力和物力；其次，限于顾客抽样问卷调查样本的数量，这种分析模式难免出现误差，但只要将会员维护好，会员卡分析就有相对较高的准确性和代表性；最后，顾客的消费结构和消费习惯是会发生变化的，抽样问卷调查的结果只能代表抽样时顾客的消费状况，要想及时了解顾客消费行为的变化，就要反复进行抽样调查，而顾客如果持会员卡交易，他们的购物信息就会被记录下来，这样企业就可以分析任何时间段顾客消费结构和消费行为的变化。

（四）财务分析

财务分析基于数据仓库技术，满足企业领导对各业务部门的收入与支出费用情况进行查询的要求。

企业通过商务智能来使用这一分析功能，能从多角度进行立体账务管理，分析各部门费用支出情况，并以此为基础制定预算，进一步提高科学决策和企业运营能力。

财务分析包括以下几个方面：

1.现金流分析

现金流量表指以现金流量变化为基础生成的财务状况变动表，是根据企业在一定时期内各种资产和权益项目的增减变化来分析资金的来源和用途，说明财务动态的会计报表，或者是反映企业资金流转状况的报表。

现金流分析主要通过分析现金流量表的水平和结构、现金流量表与利润综合关系，帮助企业了解财务状况的变动趋势和原因，并在此基础上预测企业未来的财务状况，帮助企业做出合理的决策。

2.应收账款分析

应收账款分析主要帮助企业实现如下功能：

（1）客户欠款时间及细节查询；

（2）客户购货金额及付款情况查询；

（3）客户打折情况分析；

（4）欠款时间段分析；

（5）多条件、多角度查询应收款及欠款情况；

（6）客户信用等级分析。

通过商务智能进行应收账款分析，企业能进一步加强应收账款管理，合理控制还款周期，加强客户资信管理等，保障企业的资产安全以及维护企业的公信力。

3.应付账款分析

应付账款分析主要帮助企业实现如下功能：

（1）多条件、多角度查询企业付款及欠款情况；

（2）企业对供应商欠款时间及细节查询；

（3）企业对供应商欠款时间段分析；

（4）各供应商采购情况分析。

通过商务智能进行应付账款分析，企业可以了解货物采购、供应商选择、付款策略等方面的情况，为优化财务管理提供依据。此外，这一分析功能还可以帮助企业提高供应链管理效率，降低成本，提高企业的竞争力。

（五）利润分析

利润分析应从以下几个方面进行：

（1）企业收入分析。收入分析是利润分析的重要组成部分，企业收入分析的内容包括企业收入的确认与计量分析、影响收入的价格因素与销售量因素分析、企业收入构成分析等。

（2）成本费用分析。成本费用分析包括产品销售成本分析和期间费用分析两部分，产品销售成本分析包括销售总成本分析和单位销售成本分析，期间费用分析包括销售费用分析和管理费用分析。

（3）利润额增减变动分析。企业通过对利润表的水平分析，从利润的形成和分配两方面，发现利润额的变动情况，揭示在利润形成与分配环节存在的问题。

（4）利润结构变动分析。该分析功能主要在对利润表进行垂直分析的基础上，揭示各项利润及成本费用与收入的关系，以反映企业各个环节的利润构成及其变化。

（六）成本分析

影响成本的因素有多种，相应地会有多种类型的费用发生，企业需要关心这些费用在总成本中所占的比重，尤其是管理费用占总成本的比重。成本分析的目的就是进一步加强企业对成本的事前控制，辅助产品科学报价，辅助发现生产与管理环节的不足，辅助决策者采用针对性强的改进措施。商务智能的成本分析突出成本与库存、生产、账务等模块的集成。企业通过商务智能，从成本物料清单（bill of material, BOM）分析出发，对生产过程中产生的费用进行监控，并且结合销售过程中产生的费用，得出诸如目标成本、目标价格、保本成本、保本价格等决策信息，指导以后的成本控制和定价策略。

第二节　商务智能技术在零售业的应用
——以某大型连锁超市为例

本节以一家在全国拥有几十家分店的大型连锁超市为例对商务智能技术在零售业的应用进行分析，该连锁超市的业务管理系统分为总部管理系统和分店管理系统。

总部管理系统作为信息管理中心，一方面可以全面控制所有分店的数据和操作，另一方面可集中控制各分店的商品资料、供应商资料等信息，帮助分店进行订货、发货等日常操作。

分店管理系统则进行销售、订货、进货、退货以及库存、价格管理，并将所有的销售明细数据汇总，上传至总部服务器。其业务系统架构如图 4-1 所示。

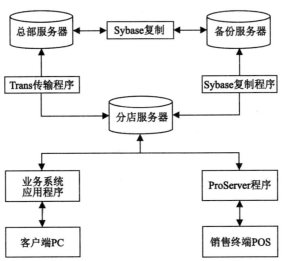

图 4-1　超市业务系统架构

　　该超市作为一家大型连锁超市，每日产生的业务数据增量在 3 GB 以上，同时随着分店及业务的不断增加，每日数据量还将不断增长。为帮助企业进行数据分析，信息管理系统已经包含上百张日常固定报表，如此多的报表，导致报表开发人员工作量剧增，报表使用人员无法从整体的视角来分析问题，即不能利用立体化、多维度、有渗透力的数据进行决策。在此背景下，相关技术人员设计了一个商务智能系统，用以分析该连锁超市产生的数据，并对经营管理工作进行决策指导。

　　从业务系统的数据源到商务智能系统的数据分析及展现，相关技术人员采用的是自底向上的数据驱动的方式。构建商务智能系统的整个过程可分为如下三个步骤：

　　（1）构建数据仓库。数据仓库是商务智能系统的基础，它的搭建首先要明确分析主题，根据主题确定分析的粒度并建立适当的数据模型，然后通过 ETL（数据的抽取、转换、加载）将数据装载至数据仓库中。

　　（2）实现在线分析处理功能。以数据仓库为基础，实现 OLAP 多维分析。

从业务分析出发,建立多维模型,然后以多维的方式,运用报表等展示技术将数据展现出来。

(3)实现数据挖掘功能。通过对超市的购物篮数据进行分析,建立数据挖掘模型,得出关联规则,用于促进超市的交叉销售。

一、构建数据仓库

数据仓库的建立以企业业务系统中的数据为基础,首先定义分析的主题,根据主题确定分析的粒度以及数据模型,然后通过抽取、转换、加载手段将数据源装载到数据仓库中,由此得到一个完整的、统一的企业视图,最后实现对企业数据的全局管理和分析决策。

(一)制订构建数据仓库计划

通过对已有的业务系统进行分析,并且与用户进行深入交流,企业能明确服务用户的目标宗旨和业务分析需求,制订如下构建数据仓库的计划:

(1)确定当前信息源。数据来源包括每个分店的业务系统以及销售点系统(POS),还有总部的部分数据。因为POS系统中的数据每天都会上传到业务系统的数据库中,所以信息源即为总部和每个分店的业务系统数据库。超市通过对信息管理系统现有报表的分析,根据统计数据的获取方式、详细程度,对数据的可靠性、一致性和完整性进行初步评价。

(2)确定分析的主题。主题是指用户使用数据仓库进行决策分析时所关心的重点方面。零售业的数据仓库中的数据主要以商品、供应商以及客户等方面的数据为主。这里的数据仓库只定义两大主题:商品和供应商。

(3)明确关键性指标。关键性指标是用户希望跟踪和观测的变量,也是用户进行分析决策的依据。对于不同的主题域,关键性指标也相对不同。超市要通过分析现有的统计报表,找出各主题域的关键性指标以及这些指标的推导计算过程。

（二）粒度设计

粒度是指数据仓库中数据单元的细节程度或综合程度的级别。数据综合程度越高，粒度就越大，级别也就越高；数据越详细，粒度就越小，级别也就越低。

粒度是数据仓库设计过程中需要重点考虑的方面，它会影响数据仓库中数据量的大小，以及数据仓库能提供的查询类型。在最低的粒度级别上，系统可以提供任何问题的查询，但是需要占用很大的存储空间，并且会使汇总型的查询耗费更多的时间；当粒度级别提高时，存储空间会相应减少，响应汇总查询的时间会减少，但是相对能提供查询的性能也会随之降低。所以，在建立数据仓库时，要对数据量大小以及需要提供查询的细节级别做出评估。不同来源的数据按综合程度可分为如下种类：当前细节数据、轻度综合数据、高度综合数据。

（1）当前细节数据。由数据源中的数据经首次综合进入数据仓库而形成的第一次综合数据。

（2）轻度综合数据。由数据仓库中的第一次综合数据再进行综合而得到的第二次综合数据。

（3）高度综合数据。根据分析、决策需要将轻度综合数据进一步综合成的更高层次的综合数据。

在数据仓库中，为了适应不同类型的分析处理，多重粒度数据的存在是必不可少的。所以，在开始建设数据仓库时，相关人员需要确定合理的数据粒度，建立合适的数据粒度模型，指导数据仓库的设计和其他问题的解决；否则，将影响数据仓库的使用效率，使数据仓库达不到预期的效果。

在本案例中，一个大型连锁超市，其每天产生的数据量非常大，如果以每笔订单为单位进行粒度设计，则过于庞大的数据会增大数据仓库的容量并且影响查询效率。考虑到数据仓库大多以汇总型分析操作为主，较少涉及过多的细节，因此可适当选取较大的粒度，而不必将数据仓库的粒度设定为每笔交易。

粒度的划分主要以时间为依据，根据零售业的特点，超市可以将数据仓库时间维度的最低粒度设定为天，即把每天的销售情况按照商品汇总并记录到数据仓库的事实表中，如一行记录表示某天某分店某种商品销售记录的汇总。这种由数据源中的数据经过首次综合而进入数据仓库形成的数据就是当前细节粒度。根据查询性能的要求，超市可以以天粒度为基础，进行月、年粒度数据的汇总，从而得到高级别的综合数据。

（三）星型模型设计

星型模型的特点在于其浏览查询性能高，星型模型每个维度只有一个维度表，从而提高了浏览查询性能；但是维度表可能具有产生冗余的属性，从而增加一些存储空间。相对于巨大的事实表，这种空间的增加还是可以接受的。

星型模型表达的是一种多维的数据关系，它由一个事实表和一组维度表组成。每个维度表都有一个元素作为主键，所有这些维度表主键组合形成事实表的主键。事实表的主属性是度量，它们一般都是数值或者其他可进行计算的数据。

对于商务智能的需求分析，一般会考虑业务问题，而这些业务问题都是面向商品的主题分析，即可为商品建立一个星型结构，主要业务问题如下：

（1）哪些商品是盈利的？

（2）某商品的会员成本是多少？

（3）某商品的销售成本是多少？

（4）某商品在某日的销售量是多少？

（5）某商品的日均销售量是多少？

（6）某类商品的进（退）货量是多少？

（7）某商品的会员销售量是多少？

（8）本月某类商品的销售额（量）是多少？

（9）本月某类商品的库存调整量有多少？

（10）针对各家分店，商品的调入、调出情况如何？

（11）各家分店中，盈利情况排名前五的商品是什么？

（12）去年盈利情况排名前五的分店有哪些？

设计星型模型的主要步骤如图 4-2 所示。

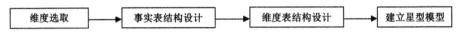

图 4-2　设计星型模型的主要步骤

1.维度选取

维度是分类的、有组织的层次结构，通过它可以对数据仓库中的销售数据进行汇总或细化。维度数据来源于业务系统数据库，所以维度要根据业务系统数据库所能提供的数据而定，不能任意选取。

2.事实表结构设计

事实表包括用于销售数据汇总的度量属性字段，常见的度量有销售额、销售成本、销售数量等。事实表还包括用于和维度表联系的外键，该外键对应维度表的主键，如商品编号与商品分类维度表对应，分店编号用于和分店分类维度表关联。

3.维度表结构设计

维度表的设计原则是尽可能地将分析时用到的属性包含在维度表内部，而将那些与分析无关的数据排除在外。维度表包含描述事实表中事实记录的特性。有些特性提供描述性信息，有些特性则用于指定如何汇总事实表数据，以便为分析者提供有用的信息。维度表包含帮助汇总数据的特性的层次结构，特定的层次结构也是多维数据集的一个维度。

（1）商品分类维度表

商品编号用于连接商品事实表，商品名称、小分类、中分类、大分类、部门、处用于指定如何汇总事实表数据。由此可看出，商品维度层次，由小到大的顺序为商品名称、小分类、中分类、大分类、部门、处。

（2）时间维度表

时间单位的最小粒度是天，将每天的业务数据记录到独立的时间维度表中，通过日期编码区分每个日期并与事实表相连，既减轻了系统的存储压力，又通过增加更多的属性字段提供更多的查询分析功能。

（3）其他维度表

其他维度表包括分店维度表和交易模式维度表。前者包含编号字段，用于连接事实表；后者包括描述性字段，用于提供描述性信息。

4.建立星型模型

（1）建立商品主题的星型模型

以商品每日情况为事实表，维度表包括商品分类表、时间表、分店信息表、交易模式表。

（2）建立供应商主题的星型模型

由于每种商品对应的不只是一个供应商，因此不能直接从商品的数据中得到某个供应商的信息。在业务管理系统中，供应商每天的销售量是按照批次计算出来的，通常是采用先进先出的原则。对于供应商，超市通常会分析其销售量、销售额、进送货量、进货额、库存调整量、库存调整额、退换量、退换额以及分店商品的调入/调出情况。按照供应商提供的数据进行分析，对超市的管理、决策尤为重要，因此要建立供应商的星型模型。

在供应商主题的星型模型中，以供应商每日情况为事实表，维度表包括供应商部门信息表、商品分类表、时间表、分店信息表、交易模式表。其中，供应商部门信息表包括供应商编码、供应商名称、供应商所属的部门名称，另外四个维度与前面所列商品主题的星型模型的维度表是共用的。因此，事实表的数据可以按照供应商的部门进行汇总，这个维度具有层次关系。

（四）ETL 设计

本案例中该连锁超市的业务系统数据均存放在 Sybase 数据库中，而数据仓库使用的是 DB2，因此存在访问异构数据源问题。由于 DB2 具有联邦数据访问以及异构数据源的复制两个功能，因此本案例使用 IBM 公司的 DB2 来访问异构数据源。通过联邦数据访问技术，用户可以联合本地和远程数据源，并提供统一的 SQL 处理。DB2 支持的数据源包括关系型数据库（DB2、Sybase、Oracle、SQL Server 等）和非关系型数据源（Microsoft Access、Microsoft Excel、XML 文档等）。

1.数据抽取

超市业务系统中的 Sybase 数据源由总部服务器和各分店服务器两部分组成，DB2 通过专用的 Sybase 包装器（Wrapper）与各数据源进行通信。通过包装器，该系统可将 Sybase 数据源的表映射到 DB2 中，成为一个昵称（Nickname），如总部的商品表 VENDOR 映射到 DB2 中的 Nickname 为 VENDOR。这样，就可以在 DB2 数据仓库中直接访问。其目的数据是前面建立的两个星型模型中的事实表和维度表。对于商品主题的星型模型，事实表中的数据为商品每天的进、销、存、调等信息，用户可以从每个分店的商品每日情况表中获取数据。商品分类表、时间表、分店信息表、交易模式表在总部和分店中是统一的，可以直接从总部的服务器中获取。

2.数据转换

数据转换包括字段内容的转换和字段类型的转换。一些字段需进行格式转换或拼接，如原业务系统中的时间字段 dtradedate 为时间类型，而在数据仓库的事实表中使用的是整型的时间编号，便于与维度表连接。可使用 DB2 的 SQL 函数将时间字段的年、月、日分别取出，并拼接为整型数据。

字段类型的转换主要利用 DB2 中的 Sybase Wrapper，它支持异构数据库间数据类型的转换，就是将 Sybase 中的字段类型转换成 DB2 中相应的字段类型。有一些字段类型还要利用 SQL 的函数进行转换，如交易模式字段 Trade Modeid 在某些表中是字符类型，而在另一些表中是整型，内容均为"1、2、3、4"，在数据仓库中其被统一为整型。对于字符类型字段，用户可使用 integer（Trade Modeid）来进行整型转换。

3.数据加载

要想保证事实表和维度表之间的数据完整性，应首先加载维度表数据，再加载事实表数据。维度表的数据量一般不大，所以系统建设的初期通常使用

insert 命令一次性加载维度数据。事实表中商品每日情况表的数据量将是非常大的，需要根据时间定期加载。

至此，该大型超市的商务智能系统的数据仓库已经构建完成，其中包括商品和供应商两个主题的星型模型，这两个模型通过定期执行 ETL 将数据从数据源加载到数据仓库中。

二、实现在线分析处理功能

OLAP 报告将业务数据结构、过程、算法和逻辑的复杂性集成到它的多维数据结构中，然后以容易理解的维度信息视图的方式向用户呈现，让用户能够以非常自然的方式分析业务数据。OLAP 以维的方式识别复杂数据，并以非常容易理解的方式向数据消费者呈现数据，它并不在业务数据上添加额外的数据结构或维。

因此，用户无须专业人员的帮助就可利用 OLAP 服务，轻松地找到预定义的报告并分析业务数据，以形成新的专用业务报告。OLAP 报告能够使用户非常接近业务数据，同时帮助用户认识到业务数据维的存在，并理解哪些业务问题可以得到回答。

OLAP 分析可以看作数据仓库的上层应用，OLAP 技术能够以交互的形式快速地弹出数据，用户看到的是经过转换后的原始数据的各种信息视图，这些视图可以反映业务的真实数据。

（一）OLAP 多维模型的设计

OLAP 有多种实现方式，根据存储数据的方式不同可以分为 ROLAP、MOLAP、HOLAP。常用的为 ROLAP 和 MOLAP。

MOLAP 表示基于多维数据组织的 OLAP（multidimensional OLAP）实现。该实现方式按照主题定义的 OLAP 分析所需的数据，生成多维数据库并存储多维数据，形成"超立方体"的结构，生成的多维立方体经过计算生成一些汇总值。用户在发出请求后，能在较短的响应时间里从多维立方体而不是数据仓库中获取数据。但多维立方体中储存的综合数据较多，导致数据所需的存储空间增大，因此运用多维立方体进行分析的粒度不会太细，其中不可能存储大量的细节数据。

ROLAP 表示基于关系型数据库的 OLAP（relational OLAP）实现。ROLAP以关系型结构进行多维数据的表示和存储。进行多维分析时，OLAP 服务器根据定义的模型和用户的分析需求从数据仓库中获取数据，并进行实时分析。这样就增加了响应时间，但相对于 MOLAP 节省了空间，并且可以分析具体细节数据，即考察数据的粒度较小。当分析应用的灵活性较大或进行多因素分析预测时，应以 ROLAP 为主。

考虑到该连锁超市每日的新增数据量较多，需要的存储空间较大，而且用户希望具有非常灵活的操作功能，所以本系统采用 ROLAP 实现多维分析。

（二）OLAP 应用

经过前面数据仓库的构建、OLAP 多维模型的设计，用户已经可以在客户端直接使用 Web 浏览器浏览展现出来的报表了。用户可以在展示界面上以交互的方式进行数据访问，利用旋转、切片或切块、向上钻取、向下钻取等操作剖析数据，从多个角度、多侧面观察数据。结果可通过多种可视化方式呈现（包括表格与各种图形），为用户提供决策指导。

在设计 ETL 的过程中，本系统加载了该超市 2020 年的部分数据并进行测试，这里举两个方面的数据来展示 OLAP 的功能：

（1）2020 年，该大型连锁超市销售额前十名城市的信息。总部通过这些数据可以得知哪些地区的销售额成绩客观，并针对相应超市数据进行分析，找到令其提高销售额的方式，并将其良好的销售手段推广至其他地区的分店，提高总体销售额。

（2）销售趋势图表。通过分析某一地区 2020 年第一季度的销售趋势图，总部可得出某些销售高峰的时间规律，并根据其规律对应配备库存、人员等，以最低的成本达到最大的收益。

通过 OLAP 的前端展现，用户可以从细节研究问题，也可以从大局了解状况，交互方式灵活方便。

总的来说，对数据的分析一般有三种方法：

（1）切片和切块分析法。在多维数据结构中，按二维进行切片，按三维进行切块，可得到所需要的数据。

（2）钻取分析法。钻取分析能改变维的层次、变换分析的粒度，包含向下钻取和向上钻取操作，其深度与维所划分的层次相对应。

（3）旋转、转轴分析法。该方法通过旋转维度，得到不同视角的数据，便于客户从不同的侧面观察数据。

三、实现数据挖掘功能

在数据挖掘领域，关联规则一直是重要的研究内容，尤其是在零售业，如超市的交叉销售管理，当顾客购买商品 A 时，超市能够推荐商品 B，这是因为数据挖掘表明这两种商品之间存在联系。由此可见，从事务数据中发现关联规则，对于改进零售业商业活动的决策非常重要。

这里以关联性分析为例，展示数据挖掘功能，数据挖掘流程如图 4-3 所示。

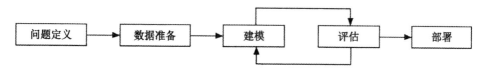

图 4-3　数据挖掘流程

（一）问题定义

数据挖掘项目首先从理解业务问题开始。数据挖掘人员与业务人员共同研究，从业务的角度定义项目目标和需求，然后将项目目标转换为数据挖掘问题定义。

随着条形码技术的发展，超市前端收款机收集并存储了大量的售货数据，这些数据被称为购物篮数据。超市要想在下一次交叉销售活动中为客户提供更好的产品推荐，就要充分了解客户及其行为。通过对这些历史事务数据进行分析，企业可对客户的购买行为有一个全面的认识。

挖掘发现大量数据中项集之间的相关联系被称为关联规则挖掘，它在数据挖掘中是一个重要的课题，购物篮分析是最近几年业界广泛研究关联规则挖掘的一个典型例子。购物篮分析的定义是从大量交易数据中，分析出不同商品之间的联系，找出顾客购买行为模式，并将其应用于商品货架设计、货存安排以及根据购买模式对用户进行分类等活动中。

（二）数据准备

在这个阶段，数据挖掘人员将收集、净化和格式化数据，通过选择表、记录和属性来为建模工具准备数据。

这个步骤将准备用于解决业务问题的、主要是购物篮形式的数据。

在对超市的数据进行分析时，系统要考虑除退货和不成功交易外的所有交易，关注每笔交易中连在一起购买的商品。对于关联规则，该模型的输入表或者视图必须包含两列，一列是交易 ID（可以认为是购物篮编号），另一列是商品 ID，它包含想要用来获得规则的元素。

在业务 POS 系统中，销售明细表可以提供模型设计者所需的数据，当然，这些数据也需要经过抽取、转换、加载过程，最终存放到商务智能系统的数据仓库中。ETL 处理过程如图 4-4 所示。

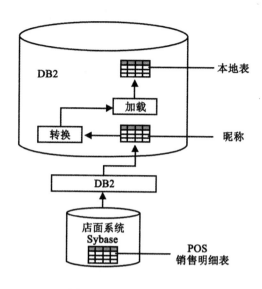

图 4-4　ETL 处理过程

使用 DB2 的联邦数据访问功能，在 DB2 中建立一个昵称，将其映射到业务系统 Sybase 中的销售明细表上。通过 SQL 语句处理，将销售明细表上的数据加载到 DB2 的本地表上。原销售明细表中包含多个字段，包括 POS 机号、POS 机当日的交易序号、交易时间、商品编号等，舍去对没有意义的退货和不成功交易的挖掘，将当天的日期、POS 机号以及当天的交易序号组织成购物篮编号。

购物篮编号直接使用源表中的数据，然而仅仅这样是不够的。购物篮编号本身只是一堆数字，如果没有商品名称，挖掘出来的规则就是一堆令人费解的数字。所以，还需要一个商品编号和商品名称的对照表。

另外，由于数据分布的分散性，用户可能很难在数据最细节的层次上发现一些强关联规则。在实际情况下，一种更有用的关联规则是泛化关联规则。因为物品概念间存在一种层次关系，如牛仔裤、运动裤属于裤子类，裤子、上衣又属于服装类。构建层次关系可以帮助用户发现更多有意义的规则，如"买裤子→买上衣"（此处，裤子和上衣是较高层次上的概念，因而该规则是一种泛化的关联规则）。由于超市中物品种类繁多，平均来讲每种物品（如牛仔裤）

的支持度很低，因此有时难以发现有用的规则；但如果从较高层次上的概念（如裤子）考虑，则其支持度就较高，从而可能发现有用的规则。因此，需要准备好商品分类层次表，以便在较高的商品分类层次上进行挖掘。在数据仓库的星型模型结构中，有一张商品分类维度表，其中有商品编号、商品名称、小分类名称、中分类名称以及更高层次的分类。到此，需要进行挖掘的数据——购物篮数据和商品分类表，已经准备完毕。

（三）建模

该阶段应用各种挖掘技术来构建模型。建模阶段和评估阶段是相互结合的，可多次循环这两个阶段来更改参数，从而获得最优值，以便得到一个高质量的模型。

（四）评估

该阶段通过使用可视化工具来评估模型。如果模型无法满足预期，则需返回建模阶段，通过更改参数直至获得最优值来重新构建模型。构建出来的模型应该满足数据挖掘的要求。

（五）部署

在该阶段，系统将结果导入数据库表或者其他应用程序。这是数据挖掘的最后一个过程。

在本系统中，数据挖掘主要对购物篮进行分析，挖掘出数据背后隐藏的信息。在零售业，人们通常认为影响较多交易的规则（即具有较高支持度）比影响较少交易的规则更有用。支持度用于衡量关联规则的重要性，支持度的高低说明了关联规则在所有交易中重要性的大小，显然支持度越大，关联规则越重要。可信度用于衡量关联规则的准确度。有些关联规则可信度虽然很高，但支持度却很低，说明该关联规则并不实用。提升度用于衡量关联规则的影响力。

一般来说，有用的关联规则的提升度应该大于 1，这说明该关联规则对商业活动有促进作用，也说明其涉及的商品之间具有某种程度的相关性。

熟悉业务背景、具有丰富的业务经验、对数据有足够的理解，这几点是理解关联规则所需要的重要条件。在发现的关联规则中，可能有两个主观上认为没有多大关系的物品，它们的关联规则支持度和可信度却很高，这就需要分析人员根据业务知识、经验，从各个角度判断这是一个偶然现象还是有其内在的合理性。

利用购物篮分析得出的这些关联规则，可以帮助超市的经营管理者挖掘客户的购买习惯，得出不同商品一起购买的概率，以此帮助经营管理者确定商品的最佳布局，提高商品销量。

第五章　商务智能技术在企业客户关系管理方面的应用

第一节　商务智能与客户关系管理

客户关系管理是企业为提高核心竞争力，利用信息技术以及互联网技术协调与客户在销售、营销和服务上的交互，向客户提供个性化的交互和服务的过程。其最终目标是吸引新客户、留住老客户以及将已有客户转为忠实客户，增加市场份额。它能帮助企业按照客户细分情况有效地组织资源，培养以客户为中心的经营行为，以及实施以客户为中心的业务流程。企业为了进一步提升管理水平，长久维持和客户的关系，需要借助客户关系管理技术来识别新客户、留住旧客户、提供客户服务及进一步拉近企业和客户的关系，并结合市场营销工具，提供个性化服务。

一、客户智能的实施过程

客户智能是典型的商务智能在客户关系管理领域的应用，客户智能通过整合、分析客户的相关数据，得到可以洞察客户心理和行为的信息和知识，帮助企业提高客户管理方面的决策能力，从而提高客户满意度。客户智能的实施过程是由客户数据的集成、客户知识的获取和客户知识的应用等阶段组成的一个闭环过程，以使企业能够预测和满足不断变化的客户需求，应对市场的变化。

（一）客户数据的集成

要获得有价值的客户知识，首先需要利用有效的工具集成各种渠道、多种接触点的客户数据，然后借助多维分析和数据挖掘等方法，形成统一的客户视图，有时还需要通过以客户为中心的组织和平台，使这些数据在营销、销售和服务人员之间共享，使其发挥更大的价值。

（二）客户知识的获取

把简单的客户数据查询层次提高到提取知识的层次，就是客户知识发现的过程。在这个过程中，企业可通过抽取、转换和分析等方法对客户数据进行处理，从而揭示潜在的、对客户管理决策有效的规律。分析客户知识时，企业通常以操作型的客户关系管理系统以及社会化网络积累的客户数据为基础，应用数据挖掘工具，寻找数据项之间的联系，发现客户数据中有用的规律。

客户知识的获取是客户智能的重要功能，也是客户关系管理的基础。客户知识主要有以下两种：

（1）客户的偏好知识。这种偏好知识可以是客户直接提供的信息，如客户在注册时填写的信息、使用相关业务系统的历史记录、在社区网站明确表达的对商品的需求等。通过对客户的消费行为、消费能力进行分析，企业能得到不同客户的偏好知识，然后为不同类别的客户提供差异化的服务。

（2）客户的隐性知识。这部分知识包括客户特征，以及隐含的客户观点、态度和情绪等，也包括客户的关系网，它们可以由分析客户的交易记录、客户在社会化网络上发表的购物体验以及在购物平台上发表的评论得到。

客户知识获取的过程，是对客户建模的过程，这也是本章讨论的重点。

（三）客户知识的应用

企业需要将客户知识存储在动态的知识库中并进行集中管理，以便能把这些客户知识应用到对销售、营销和服务等业务流程的支持上，嵌入客户管理业务系统，分发到需要的终端。在客户知识产生后，企业需要将其分发给营销、销售和客户服务等部门，如此才能更有效地发挥客户知识的价值。例如，SAP为线下的实体销售店提供客户智能应用软件，店员可以通过终端设备读取与客户相关的知识，如消费历史、个人信息和消费习惯等，从而为客户提供个性化的推荐服务。

把客户知识嵌入业务系统，能使销售、营销和服务人员在需要的时候将其应用到业务处理上，提高客户关系管理的质量。例如，保险公司的保单处理员，在审批保险业务时，可以借助客户知识提供的风险预测和保价计算的数据支撑，提高保单业务处理的效率和质量。

目前，很多零售企业实施了客户智能，通过分析客户的交易历史记录、购买产品的相关属性，如品牌、材质、尺寸、颜色、外观、价格和质量等，获得客户的偏好，从而为客户提供有效的个性化服务。

客户智能可以被定义为一个动态管理客户与企业之间关系的过程，能够使企业在客户关系管理生命周期的每个阶段都实现客户价值最大化。事实上，客户智能的目的是在增加企业收入的同时，提高客户满意度，它是围绕企业与客户的互动展开的。

二、将数据挖掘应用于客户关系管理

客户关系管理关注的是客户整个生命周期与企业之间的交互关系。客户数量越多，单个客户与企业交易或者接触次数越频繁，客户的生命周期就越长，最终企业所收集到的客户数据量就越大。对于海量的客户数据，企业需要用数据挖掘技术来分析和处理，发现其中有价值的客户信息，并用其来支持客户服

务决策，提高企业的市场影响力。客户关系管理中的数据挖掘应用模型如图 5-1
所示。

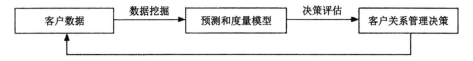

图 5-1　客户关系管理中的数据挖掘应用模型

随着客户的需求逐渐多样化和个性化，客户关系管理系统不断完善，客户
数据不断积累。在数据挖掘应用模型中，客户关系管理系统需要利用数据挖掘
技术对这些搜集的数据进行预处理，选择有用的数据并转换成元数据模型。预
测和度量模型的构建需要从所搜集的数据的属性和要解决的业务问题方面展
开，因此数据模型的构建需要经历一个非常复杂的过程。在这个过程中，企业
需要综合考虑多方面的因素，从多种建模方案中做出合理的选择，这样建立的
模型才能实现企业的发展目标，才能有效地解决企业经营过程中所面临的各种
业务问题。一般在进行客户关系管理决策之前，企业需要对构建的模型进行评
估，评估通常可以结合两个指标展开：一个是支持度，验证的是结果的适用性；
另一个是可信度，验证的是结果的准确性。如果评估的结果能够满足业务的需
求，则可以进行管理决策。

数据挖掘在客户关系管理中的具体应用主要有以下几个方面：

（一）营销

充分的市场调研和消费者信息分析是企业制定市场营销战略的基础，这些
信息用来支撑目标市场的细分和目标客户群的定位，使企业能针对特定的客户
群制定有效的营销策略，提高客户响应率，降低营销成本，对稍纵即逝的市场
机遇做出灵敏的反应。

计算机、网络通信技术发展迅速，企业与客户通过 Web、E-mail、电话等
渠道进行交互和沟通已经相当普遍，这些技术的联合应用，对企业的营销产生
了重要的影响。借助这些技术进行营销为潜在客户提供了很好的体验，使潜在

客户能以自己的方式，在方便的时候获取所需的信息，而传统的营销手段已经满足不了以客户为中心的企业发展要求。通过对数据与信息的分析与挖掘，企业营销人员可以对这些商业信息进行跟踪，使潜在消费尽可能地成为现实消费，从而获得更大的利益。

目前，在营销方面应用数据挖掘较为成熟的领域是数据库营销。数据库营销的任务是通过交互式查询、数据分割和模型预测等方法来选择潜在的客户，并向他们推销产品。通过对历史客户数据的分析，企业将用户分为不同的级别，级别越高，其购买的可能性越大。在进行营销分析时，企业首先对已有的用户信息进行分类，分类的依据通常由专家根据用户的实际消费行为给出；得到分类数据后，企业再利用数据挖掘技术进行分析学习，得出用户分类模型；当新用户到来时，企业可以根据用户分类模型得出其购买可能性的预测结果，从而根据预测结果对不同客户采取有针对性的营销措施。

（二）销售

销售人员与潜在客户互动，将潜在客户发展为企业真正的客户并保持其忠诚度，是企业盈利的核心因素。在此过程中，数据挖掘可以对多种市场活动的有效性进行实时跟踪和分析，使销售人员能够及时把握销售机遇，缩短销售周期，极大地提高工作效率。例如，超市购物篮分析通过分析超市数据库来发现在购物活动中频繁出现的商品组合，以此识别客户的购买行为模式。目前，购物篮分析已经在超市楼层和货架安排、货物布置以及 Web 页面的目录层次安排等方面取得了显著效果。

（三）客户服务

客户服务是客户关系管理中最为关键的部分，企业要想做到吸引新客户、留住老客户、提高客户满意度和忠诚度，就必须提供优质的客户服务。通过数据挖掘来对客户的基本信息以及历史消费信息进行分析，归纳出客户的个人偏好、消费习惯、需求特征等，企业就可以有的放矢地为客户提供快捷、准确的一对一定制服务。

（四）欺诈识别与风险评估

欺诈识别和风险评估系统主要通过总结正常行为和欺诈或异常行为之间的关系，得到非正常行为的特征。一旦某项业务符合这些特征，系统就可以向决策人员发出警告。金融行业、通信行业或者其他商业领域经常发生欺诈行为，如信用卡的恶性透支、保险欺诈、盗打电话等，这些行为给相关企业带来了巨大的损失。对这类欺诈行为进行预测和风险评估，可以尽量减少企业的损失。

将数据挖掘运用到欺诈识别和风险评估中，可以从以下两个方面进行：

（1）异常记录：检测具有不正常值的记录，或者与不正常值相近的记录。

（2）类似的欺诈行为：已被证实的欺诈行为可以用于帮助确定其他可能的欺诈行为。基于这些历史数据找到检测欺诈行为的规则和评估风险的标准，定义并记录下可能或者类似欺诈的事件。

通过数据挖掘进行欺诈的预测和识别、风险评估，将有用的预测合并加入历史数据库中，用其来帮助寻找相近而未被发现的欺诈案例。随着数据库中知识的积累，预测系统的质量和可信度都会大大提高。

（五）客户保持

现在各个行业的竞争越来越激烈，企业获得新客户的投入成本也越来越高，因此维持老客户对所有企业来说显得越来越重要。

目前，一对一服务正在被越来越多的企业接受。一对一服务是指对于企业的每一个客户，公司都有专员负责与之建立长期持久的关系。一对一服务是一个理想化的模式，通过这种方式保留老客户，在大多数行业的实际操作中是很难做到的。一些公司一直采用很陈旧的方法来提供一对一服务，有的仅仅在客户生日或特殊纪念日时寄出一张卡片。

数据挖掘可以根据某些属性将企业大量的客户分成不同的类别，然后，企业针对不同类别的客户提供完全不同的服务，以此来提高客户的满意度。数据挖掘还可以对数据库中大量的客户历史交易记录、注册信息以及其他相关资料进行分析和处理，对流失客户群做针对性研究，分析哪些因素会导致客户流失，训练识别客户流失的模式。企业便可以根据分析结果找出现有客户中可能流失的客户，据此制订相关计划或方案，改善客户关系，争取留住客户并提高企业效益。

第二节 客户细分

　　企业进行客户关系管理的前提是回答"谁是自己的客户"的问题，因为并不是每一个客户都适合成为本企业的忠诚客户。企业如果要最大化地实现可持续发展和获得长期利润，就要明智地向正确的客户群体投入更多资源。通过客户细分，企业可以更好地识别不同的客户群体，采取差异化营销策略，从而有效地降低成本，同时获得更大范围、更强有力的市场渗透。

　　客户是企业的重要资源。现代企业之间的竞争主要表现为对客户的全面争夺，而能否拥有、拥有多少忠实客户取决于企业与客户之间的关系如何。企业要改善与客户之间的关系，就必须进行客户关系管理。客户分析是客户关系管理的基础，而客户分析的重要基础是客户细分。

　　顾客让渡价值理论和客户生命周期价值理论从不同的角度为研究客户与企业在交易过程中产生的价值感受提供了基础。顾客让渡价值是从客户角度出发的感知效用，衡量的是客户感知收益（产品价值、服务价值、人员价值和形象价值）与感知付出（货币成本、时间成本、精力成本、体力成本）之间的比例。客户生命周期价值从企业的角度出发，是客户在整个交易生命周期的各个时段为企业带来的净利润之和。

一、传统的客户细分

传统的客户细分主要是基于客户统计学特征的客户细分和基于顾客让渡价值理论的客户细分。基于客户统计学特征（如客户的年龄、性别、收入、职业、地区等）的客户细分方法已为大家所熟悉，该方法虽然简单易行，但缺乏有效性，难以反映客户需求、客户价值和客户与企业的关系，难以指导企业吸引客户、保留客户，难以适应客户关系管理的需要。基于顾客让渡价值理论的客户细分，虽然比较全面地概括了客户对于企业的所有可感知的价值，但该细分方法容易导致企业只考虑市场占有率，盲目追求顾客让渡价值，而忽略企业利润。另外，这种细分方法因为涉及大量主观感知成分，也容易出现在实践中难以操作实施、难以做到度量客观准确等问题。

二、基于客户行为的客户细分

这种细分方法充分利用了企业存储的大量客户数据资源。当客户产生了消费行为，他们的有关消费行为数据，如购买时间、产品信息和金额等会被记录下来，这些信息里蕴含着客户未来消费行为的方向，企业可以通过数据挖掘来获得里面的规律，并预测这些客户的行为。但是数据挖掘是对人员、技术、工具要求很高的数据处理过程，需要投入的成本也很高。对一些小企业来讲，基于客户行为的客户细分不大可行，也没有必要。

三、基于客户生命周期的客户细分

基于客户生命周期的客户细分把企业与客户的关系的发展划分为开拓期、形成期、稳定期和衰退期几个阶段，可以帮助企业清晰地洞察不同阶段的客户行为动态特征，使企业能够针对这些特征进行有针对性的营销，促使与客户的关系向稳定期发展，或者延长稳定期。

不过该方法也存在不足，难以识别相同生命周期阶段的客户差异。例如，同是形成期的客户，个体客户价值存在差异，但该方法无法识别这些差异。

四、基于客户生命周期价值的客户细分

基于客户生命周期价值的客户细分理论从狭义上把客户生命周期价值定义为客户在将来为企业带来的利润流的总价值，即未来总利润，是客户当前价值和客户潜在价值之和。

该细分理论在全面衡量了客户当前价值和潜在价值后，将当前价值和潜在价值都较高的客户认定为有高价值的客户，并引导企业对其进行重点维护；对两项价值都较低的客户，可少投入或不投入资源。

客户生命周期价值既反映了收益流对企业利润的贡献，又明确地扣除了企业为取得该收益流所付出的代价，同时更重要的是客户生命周期价值充分考虑了客户的潜在价值，因此能客观、全面地度量客户将来对企业的总体价值。

该细分理论的不足在于，它没有考虑到客户忠诚度对客户生命周期价值的影响。一个忠诚度低的客户，即使他拥有高的当前价值及潜在价值，他的客户生命周期价值也相对较低。企业如果对其进行重点投入就可能产生巨大损失，使企业的营销努力付之东流，因此仅利用客户当前价值和客户潜在价值两个维度对客户生命周期价值进行预测并进行客户细分也存在一定的局限性。

第三节 客户识别和客户流失

一、客户识别

对于大多数企业而言，在地球上所有的人中，只有很少一部分是它们真正的潜在用户，它们会根据地理位置、年龄、偿还能力、语言、对产品或服务的需要找到自己的客户。例如，提供房屋净值信贷额度的银行会自然地把客户定位为在银行所注册运行辖区内的房屋所有者；一家出售后院秋千装置的公司会希望得到有孩子且有后院的家庭的信息；一本杂志的目标客户将会是会进行适当阅读，并且对广告感兴趣的人。

数据挖掘可以帮助企业识别好的潜在客户，选择合适的渠道与客户通信，并挑选适当的信息以留住客户。

（一）识别好的潜在客户

好的潜在客户的最简单定义就是那些表现出消费兴趣的人。但对于许多企业来说，潜在客户的定义是复杂的。它们认为真正好的潜在客户不仅有兴趣成为客户，而且有条件成为客户，他们将会是有价值的客户，他们不太可能会产生欺诈行为，并且会按时支付账单。如果处理好与他们的关系，企业便可以将他们变成忠实的客户，使他们自发地推荐其他客户。无论潜在客户的定义是简单的还是复杂的，企业的第一个任务就是发现、识别他们。

无论是通过广告还是通过诸如信件、电话或电子邮件等更直接的渠道发送信息，都要先确定目标对象。例如，航空公司和租车公司的广告牌往往会出现在去往机场的高速公路上，因为坐车前往机场的人很可能是需要这些服务的客户。

若要将数据挖掘应用于客户识别，首先要定义什么是好的潜在客户，找出其特征，然后寻找满足这些特征的人群，将其作为营销对象。

（二）选择合适的通信渠道

发现潜在客户后，企业还需要通过合适的渠道与其通信。一般来说，公司会有意用几种不同的方式与潜在客户进行通信。其中一种方法是通过公共关系，即利用公共媒体介绍公司，树立形象，传播正面的信息。虽然这种方法对有些公司高度有效，但是对大部分公司来说，公共关系并非直接的营销信息。

从数据挖掘的角度来看，广告的直接营销效果更好。广告可以有多种形式，从火柴盒封面的广告词、商业网站的赞助商链接到重大体育赛事期间的电视广告，以及电影中的广告植入等。由此可见，广告能基于共同特点定位目标人群，使企业和客户进行通信。

利用数据挖掘技术选择合适的通信渠道是推进客户关系管理的重要基础。

（三）挑选适当的信息

即使是售卖同样的基础产品或服务，不同的信息也只适合不同的人。比如，有些人对价格很敏感，他们愿意货比三家，找到性价比最高的产品；有些人则愿意支付额外的费用以获得更便捷的服务。这时，企业就要利用数据挖掘技术找到客户的关注点，提供他们需要的、合适的信息，这样才可能维护好企业与客户的关系。

二、客户流失

对于任何企业而言，客户流失都是一个需要重点关注的问题，对于成熟的企业来说尤为重要，因为其客户指数性增长的初期阶段已经过去，客户流失问题逐渐凸显。解决客户流失问题是数据挖掘的一个主要应用方面。

（一）解决客户流失问题的重要性

损失的客户必须用新的客户来替代，而获取新客户的代价通常很高。同时，在一定时期内，新客户给企业带来的收益要比老客户少，对于处于市场相当饱和的成熟行业中的企业而言尤其如此，因为想要获得相同产品或服务的人可能都已经是同行业别的企业的客户，要使他们成为新客户，就要花更多费用提高产品质量和服务。因此，解决客户流失问题是进行客户关系管理的重要方面。

（二）识别流失

流失建模的挑战之一是明确它是什么，并了解它何时会发生，这对于有些行业来说确实比较困难。比如，当一个曾经忠诚的客户放弃他经常喝咖啡的咖啡馆，而去另一家咖啡馆时，牢记客户订单的咖啡师可能会注意到，但是这个事实不会被记录到任何公司的数据库中。即使在按名称标识客户的情况下，区分已经流失的客户和曾动摇过的客户之间的差异也可能很困难。如果一个忠诚于某汽车公司的客户每五年会购买一辆新车，但是他在第十六年没有买，那么该客户是否已经流失到另一个品牌了？

当存在月度账单关系（如信用卡）时，流失会更容易被发现。即便如此，流失也可能悄无声息，因为客户可能停止使用信用卡，但并未注销。流失在基于订阅的业务中很容易定义，正因为如此，这些业务中的流失模型最受欢迎。移动电话服务提供商、保险公司、有线电视公司、金融服务公司、Internet 服务提供商、报纸、杂志以及某些零售商都共享一个订阅模型，都与客户有一个正式的、必须显式结束的合同关系。

（三）不同类型的流失

通常，客户流失可以分为自愿流失、非自愿流失和预期流失三种类型。客户根据自己的意志，决定去其他企业进行消费，这种类型的流失称为自愿流失。非自愿流失，也称为强制流失，发生在公司，而非客户终止关系时，最常见的原因是未支付账单。预期流失是指在客观条件下，当前的客户已经不再是产品的目标用户，对于这类客户，企业要能进行预测，如婴儿长牙齿后不再需要婴儿食品，家庭搬家后更换有线电视提供商。

不混淆不同类型的流失很重要，但也不容易做到。比如，有两个财务状况相同的移动电话客户，由于一些原因，两个客户都不能继续接受移动电话服务。其中一个通知了客户服务代理，其被记录为自愿流失；另一个不打电话通知客户服务代理，也不支付账单，其被记录为非自愿流失。两个客户的根本问题都是缺乏资金，所以他们很可能将得到类似的分数。模型不能预测两个用户所体验的持有时间方面的差别。

利用数据挖掘能够较好地区分开自愿流失和非自愿流失，这样就降低了客户被误判的风险。

（四）不同种类的流失模型

对流失建模有两种基本方法，第一种把流失看成是二分结果，客户将离开或者留下，第二种试图估计客户的剩余生存周期。

1.预测谁会离开

为了把流失建模成二分结果，必须选定某个时限。如果问题是"明天谁会离开"，那么答案可能是没有人；但是如果这个问题是"谁将在下一个百年里离开"，那么大多数企业的答案是每个人。二分结果流失模型通常有一个较短的时限，如60天、90天或者1年。当然，时限不能太短，否则将没有时间实施模型预测。

企业可以使用通常用于分类的工具来建立这种模型，包括逻辑回归分析、决策树和神经网络等。描述某一刻客户人口的历史数据将带有一个标志，以显示客户在某个后续时刻是否依然是活跃的。建模的任务是区分哪些客户会离开以及哪些会留下。

这种模型通常会根据客户离开的可能性对他们进行打分并排序。最自然的打分是简单地使用模型，得出客户在某个时期内离开的可能性。那些自愿流失、得分超过某个阈值的客户将被包含在一个保留方案中，那些非自愿流失、得分超过某个阈值的客户将被放在一个观察列表中。

通常，流失模拟是基于一组客户的混合信息，包括在获取时所了解的客户信息，如获取渠道和初始信用类别、延迟还款和意外的高账单或低账单，以及客户的人口统计信息等。

2.预计客户将保留多长时间

流失建模的方法还包括生存分析，其基本思想是计算每个客户或者每组客户（他们具有相同的模型输入变量的值，如地理、信用等级以及获取渠道等）到目前为止将在明天离开的可能性。对于任何阶段，这种可能性都相当小，但是某些阶段的可能性会高于其他阶段。通过预测危险，企业能够估算出客户生存到某个更远的未来日期的概率。

第四节　客户维度与属性划分

一致性客户维度是进行高效客户关系管理的关键元素。维护、部署良好的一致性客户维度是实现优秀客户关系管理的基石。

在大的组织中，客户维度一般非常大，涉及上百万条记录，包含几十甚至几百个属性，有时变化非常快。对于超大型的零售商、信用卡公司、政府机关，其庞大的客户维度有时包含上亿条记录。更为复杂的情况是，客户维度通常表示的是融合了多个内部和外部源系统的集成数据。

一、姓名与地址的语法分析

无论客户是个人还是商业实体，企业通常都需要获取客户姓名和地址属性。操作型系统对姓名和地址的处理太过简单，许多设计者随意设计姓名和地址列，如姓名 1 至姓名 3、地址 1 至地址 6 等，用于处理所有的情况。遗憾的是，用上述方法设计姓名及地址列会产生质量问题。

这样设计的姓名和地址列将会受到太多限制：很难采用一致的机制处理称谓、标题和前缀；用户无法获悉某人的姓名，也无法知道如何对其进行个性化的问候；如果查看该操作型系统的其他数据，则会发现多个客户具有相同的姓名属性，也可能发现姓名列中额外的描述性信息，如机密的受托人或未成年人的信息。

通常，在地址列的设计上，不同地方采用的缩写形式不一。地址列空间足够大，可以容纳任何地址，但没有建立与邮局规则一致的规则，或者支持地址匹配和横向/纵向识别。

与其使用通用意义的列，不如将姓名和地址属性拆分为多个部分。抽取过程需要针对原先混乱的姓名和地址进行语法分析。属性分析完成后，可以将它们标准化。例如，Rd 将变为 Road，Ste 将变成 Suite。属性也可以被验证，如验证 ZIP 代码和关联的地区组成是否正确。目前，市场上已经存在专门针对姓名和地址进行清洗的工具，以帮助用户开展分析、标准化和验证工作。

二、国际姓名和地址的考虑

国际化展示和打印的信息通常需要表示成外文字符，不仅包括来自西欧的重音字符，也包括斯拉夫语、阿拉伯语、日语，以及其他一些并不为人所熟悉的书写系统。重要的是不要将这一问题理解为字体问题，而要将它视为字符集合的问题。字体仅仅是艺术家对一组字符的渲染。标准英语包含上百种可用的字体，但是标准英语仅包含相对小的字符集合，除非专业从事印刷工作，否则对一般人来说，这一字符集合基本能够满足所有使用需求。这些小字符集合通常被编码到美国信息交换标准码中，该标准采用 8 字节编码方式，最多可以包含 255 个字符。这 255 个字符中仅有大约 100 个字符有标准解释，并可用普通英语键盘来输入。对以英语为母语的计算机用户来说，这通常已经足够了。但需要清楚的是，美国信息交换标准码对于非英语写作系统所包含的成千上万个字符来说，就显得远远不够了。

国际系统构建组织 Unicode 协会定义了一个称为 Unicode 的标准，用于表示世界上所有国家的语言和文化所涉及的字符和字母。Unicode 标准 6.2.0 版本为 110 182 种不同的字符定义了特殊解释。Unicode 是用于解决国际化字符集合的基础。

需要注意的是，实现 Unicode 解决方案的操作位于系统的基础层。操作系统必须支持 Unicode，目前主流操作系统的最新版本都支持 Unicode。

除了操作系统，所有用于获取、存储、转换和打印字符的设备都必须支持 Unicode。数据仓库后端工具也必须支持 Unicode，包括封装类包、编程语言和自动 ETL 包。同时，DW/BI 应用，包括数据库引擎、商务智能应用服务器、报表编写器、查询工具、Web 服务器、浏览器等都必须支持 Unicode。DW/BI 架构师不仅要与数据管道中包含的每个包的提供商交谈，还需要指导各类端到端的测试，获取一些遗留应用中符合 Unicode 的姓名和地址数据，并将它们发送到系统中。将它们在 DW/BI 系统的报表中或浏览窗口中打印出，并观察特殊字符是否符合要求，这一简单的测试将会消除一些混乱。注意，即使开展了此项工作，同样的字符（如某个元音变音）在不同的国家（如挪威和德国）也有不同的分类。

如果要处理的客户来自多个国家，客户地理属性就会变得相当复杂。就算没有国际客户，系统也可能需要处理国际姓名和地址，它们可能存在于 DW/BI 系统中，用于国际提供商和人力资源个人记录管理。

注意：有时客户维度可能包括完整的地址块属性。该列是特别制作的，组合了客户邮寄地址，包括邮件地址、ZIP 编码和满足邮寄需要的其他属性。该属性可用于描述那些有特色的国际位置。

讨论了 Unicode 基础后，除了姓名和地址分析需求，企业还需要考虑以下内容：

（1）通用性和一致性。如果企业打算使设计的系统能够适应国际环境，让它能够在世界各地工作，就需要仔细考虑商务智能工具是否能产生多种语言的报表转换版本。可以考虑为每种语言提供维度的转换版本，但是转换维度也会带来一些敏感问题。

如果属性粒度在跨语言环境下未能忠实保留，则要么分组统计将会出现差异，要么不同语言的某些分组将包含看起来不正确的表头。为避免出现这些问题，需要在报表建立后转换维度。首先需要以单一的基本语言建立报表，然后将报表转换为所需的目标语言。

所有商务智能工具的消息和提示符需要进行转换以方便用户使用，此过程被称为本地化。

（2）端到端数据质量以及与下游的兼容性。在整个数据流程中，数据仓库不是唯一需要考虑国际化姓名和地址的地方。从数据清洗和存储步骤开始，到最后一步执行地理和人口统计分析及打印报表步骤的整个过程，都需要提供设计方面的考虑，以实现对获取姓名和地址的支持。

（3）文化的正确性。多数情况下，国外客户和合作伙伴将以某种方式获取 DW/BI 系统的最终结果。如果不知道姓名中哪个部分是姓、哪个部分是名，就不知道如何称呼，那么将会冒不尊重他人的风险，或者至少看起来非常愚蠢。若输出句读不清，或出现拼写错误，外国客户和合作伙伴就会选择与了解他们的公司做生意。

（4）实时客户响应。DW/BI 系统可以通过支持实时客户响应系统，扮演操作型角色。客户服务代理可以接听电话，或者在不多于 5 秒的等待时间后从屏幕上得到数据仓库推荐使用的问候。此类问候通常包括适当的称呼，以及恰当的用户头衔和姓名。这种问候代表一种完美的热响应缓存，它包含预先计算好的对每个客户的响应。

（5）其他类型的地址。在通信与网络的革命中，如果设计的系统能够处理国际姓名和地址，则必须预先考虑处理电子姓名、安全标志和网络地址。

与国际地址类似，电话号码必须根据呼叫源以不同方式表示。需要提供属性表示完整的外国拨号方式、完整的国内拨号方式以及本地拨号方式。需要注意的是，不同国家的电话拨号方式存在一定的差异。

三、以客户为中心的日期

客户维度通常包含多种日期，如首次购买的日期、最近一次购买的日期、生日等。尽管这些日期最初可能是结构化查询语言日期类型的列，但如果希望根据特定的日历属性（如季节、季度、财务周期等）汇总这些日期，则这些日期必须转变为引用日期维度的外键。需要注意，所有此类日期数据将会按照日期维度划分。这些日期维度将按照不同语义视图被定义，如包含唯一列标识的首次购买日期维度。

四、基于事实表汇聚的维度属性

企业通常喜欢基于指标查询或者汇聚的性能度量客户维度，如从所有客户中过滤出那些在上一年度花费超过一定数额的客户。也许企业希望按照客户购买产品花费的金额进行约束统计，然后将查询结果作为维度属性再次进行汇聚，最后计算出客户满意的指标。企业也会提出在所有客户中找到那些满足判断标准的客户，然后在查询的结果之上提出另外一个查询，分析满足条件的客户的行为。但并非所有情况都是这样，建议不要将事实表的汇聚结果当成维度属性来存储。这样，企业可以方便地约束属性，就像它们在地理属性上所做的那样。这些属性可用于约束和标识，但不能用于数字计算。虽然把事实表的汇聚结果当作后面计算的维度属性能够优化计算过程，但主要的负担都落到 ETL 过程中，ETL 过程需要确保属性的精确性，确保它们是最新的，并与实际的事实表保持一致。如果选择将这些事实的汇聚结果当成维度属性，则这些事实表一定是频繁使用的（一般事实表的数据量很大），这也会给服务器带来一些不必要的支出。

五、分段属性与记分

客户维度中最强有力的属性是分段类。在不同的商业环境下，这些属性的变化范围显然比较大。对某个客户来说，这些属性可能包括以下内容：

（1）性别。

（2）民族。

（3）年龄或其他生命分段方式。

（4）收入或其他生活方面的分类。

（5）状态（如新客户、活跃客户、不活跃客户、已离去客户）。

（6）参考源。

（7）特定业务市场分段（如优先客户标识符）。

不少组织为其客户打分以刻画客户情况。统计分段模型通常以不同方式对客户进行分类，如基于他们的购买行为、支付行为、流失趋向或默认概率。

（一）行为标记时间序列

行为标记时间序列是一种常用的客户评分及系统分析方法，用于考察客户行为的相关度（R）、频繁度（F）和强度（I），该方法被称为 RFI 方法。有时强度被替换为消费度（M），因此也被称为 RFM 度量。相关度是指距离客户上次购买或访问网站的天数。频繁度是指客户购买或访问网站的次数，通常是指过去一年的情况。强度是指客户在某一周期消费的总金额。例如，在处理大型客户数据库时，某个客户的行为可以按照图 5-2 所示的 RFI 多维数据库建模。在此图中，某个轴的度量单位为 1/5，1～5 代表某个分组的实际值。

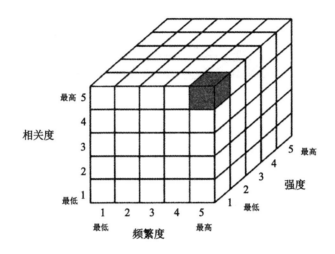

图 5-2　相关度、频繁度、强度（RFI）多维数据库

　　如果在多维数据库中有上百万个点，要理解不同分组的含义就比较困难。此时，向数据挖掘专家咨询后发现，有意义的分组非常必要。数据挖掘专家可能利用下列行为标识来展现多维数据库（更复杂的场景可能包含信用行为和回报情况）：

　　（1）高容量常客户，信誉良好，产品回报一般。

　　（2）高容量常客户，信誉良好，产品回报多。

　　（3）最近的新用户，尚未建立信誉模式。

　　（4）偶尔出现的客户，信誉良好。

　　（5）偶尔出现的客户，信誉不好。

　　（6）以前的优秀客户，最近不常见。

　　（7）只逛不买的客户，几乎没有效益。

　　（8）其他客户。

　　至此，企业可以根据客户时间序列数据，将某个客户关联到报表期间的最近分类中。数据挖掘技术可以实现这一功能。

（二）数据挖掘与 DW/BI 之间的关系

数据挖掘小组是数据仓库的重要客户，是客户行为数据的重要用户。然而，数据仓库用户发布数据的速度与数据挖掘用户使用数据的速度存在不匹配的情况。例如，决策树工具每秒可以处理几百条记录，但是建立"客户行为"的大型横向钻取报表却无法以这样的速度发布数据。数据挖掘小组可能会喜欢这样的方式：包含上百万条此类查询结果的大型文件可以用决策树工具分析。在此分析中，决策树工具将决定哪些列可用于预测目标字段的变化。有了这个答案，企业就可以使用简单的方法预测谁将成为优秀客户，而不需要知道其他的数据内容。但是数据挖掘小组希望反复使用此类查询结果，用于不同种类的分析工具，因此其可能使用人工神经网络或者基于示例的推理工具。与其反复让数据仓库小组建立复杂的查询来产生庞大、昂贵的查询结果，不如将查询结果集合写入一个文件中，让数据挖掘小组在自己的服务器上分析。

六、客户维度变化的计算

在业务上，企业通常希望基于客户的属性，尽可能少地与事实表连接来实现对客户的计算。如果要跟踪客户二维变化，则需要注意避免重复计算。因为在客户维度中，针对同一个体可能存在多行数据，需要针对唯一的客户标识执行 count distinct 操作或者 group by 操作，条件是属性必须是唯一的、持久的。客户维度的当前行为标识也有助于开展客户实时计算的工作。

如果要针对客户的历史时间窗口进行分析，则需要使用客户维度中的有效日期和失效日期进行计算。例如，如果需要知道 2023 年 11 月的客户数量，则需要约束行为有效日期为"有效期≥1/11/2023 且失效期≤30/11/2023"，这样的约束可以限制结果集。需要注意的是，在执行这样的操作时，要参考设置有效/失效日期的业务规则。

七、低粒度属性集合的维度表

通常情况下，设计者应避免使用雪花模型，雪花模型将维度中低粒度的列放入不同的规范化表中，然后将这些规范化表与原始维度表关联。一般来说，在 DW/BI 环境中不建议使用雪花模型，因为雪花模型总是会让用户的展示变得更复杂，此外也会给浏览性能带来负面影响。针对这种雪花模型的限制，企业可以采用支架模型，支架模型类似于雪花模型，它们都是用来处理多对一的关系的。

支架模型是指维度表之间的连接。它并不是完全标准的雪花模型，而是从事实表中派生的一个或以上的层次，支架模型通常在一个标准维度被另一个维度引用的情况下应用。

警告：可以使用维度支架表，但只可偶尔为之，不要常用。如果设计中包含大量的支架表，就应该提高警惕，因为开发者可能陷入过度规范化设计的麻烦之中。

八、客户层次的考虑

商业客户问题中具有挑战性的问题之一是对企业组织的内部层次建模。商业客户往往都存在实体的嵌套层次，范围涉及个人位置或组织的地区办事处、业务部门总部以及终端母公司等。这些层次关系可能因为客户内部重组或者参与收购和资产剥离而经常发生变化。

尽管不常见，但偶尔还是能遇到层次结构比较稳定、不经常变化的企业客户的。假设开发者遇到的是最大层次为三层的情况，如终端母公司、业务部门总部和地区办事处，则应在客户维度上包含三个不同的属性来对应这三个不同的层次。对那些具有复杂组织层次结构的商业客户或者层次结构经常发生变化的商业客户来说，最好将这三个层次适当地表示为与每个层次相关的三个不同实体。

在多层级的企业客户中，客户数据的流转过程一般为：所有地区办事处将数据汇总到所有业务部门总部的数据中，然后汇总到终端母公司的数据中。终端母公司在进行数据汇总时，可以按照数据来源打上企业的层次标签或者分层次存储，保证每个层次都有完整的数据库，方便对这些数据进行各层级的指标分析；终端母公司也可以根据汇总的数据计算企业的某一综合业务指标，然后和行业中的指标做对比，为企业的战略决策提供支持。

多数情况下，复杂的商业客户层次都具有无法确定层次深度的特性，因此需要采用参差不齐的、可变深度的层次建模技术。例如，如果某一公共事业公司准备设计一个税率计划，用于所有公共消费者，这些消费者是涉及多个层次不同的办事处、分支位置、制造位置和销售位置的大量消费者的一部分，此时就不能使用固定层次。最坏的设计是采用通用层次集合，命名为层次1、层次2等。当面对一个参差不齐的可变深度层次时，采用该方法会导致客户维度无法使用。

第五节　客户行为分析

一、客户行为类型分析

在分析客户行为方面，类似在某个地理区域内上一年向客户卖出多少产品这样的简单查询，已快速发展到类似在上个月有多少客户的购买量比他们在上一年的平均购买量要多这样的复杂查询。若要让商业客户用一条结构化查询语言来表达这样的复杂查询实在是太困难了。解决这种问题的常见做法是嵌入子查询，或者采用横向钻取技术，将复杂查询分解为多条查询语句分别执行，然后将查询结果合并为最后结果。

在某些情况下，企业可能希望通过某个查询获得有相似行为的客户集合或异常情况报告，如上一年最出色的 1 000 个客户、上个月消费超过 1 000 元的客户，或接受了特殊测试要求的客户，然后使用客户行为类型分析，开展对具有某种行为的客户群体的分析工作。企业运用运行一系列查询或者采用数据挖掘技术对客户行为进行深入分析，可把客户分为不同的类型，然后从客户集合中选择某个属性作为行为类型表的唯一标识。通常选取的是能标识客户唯一性的持久键或者其他能和客户持久键相关联的属性。行为类型维度不会受制于客户维度的变化，但是会随着客户的年龄、地址等其他基本属性值的改变而发生变化。

注意：进行复杂行为类型分析的关键在于获取需要跟踪的客户或产品行为的主键，然后使用获取的主键在其他的事实表上建立约束，而不需要返回原始的行为。

行为类型分析表附带一个客户维度持久性键的等值连接，这样就能够清楚地根据行为类型维度把客户的行为显示在视图中。采用该方法，可以形成一个在行为上看起来类似且不那么复杂的星型模型。

注意：由于行为类型分析表异常简单，因此可以对它们执行交集、合并和差集等操作。例如，本月问题客户的集合与上月问题客户的集合的交集便是连续两个月问题客户的集合。

通过加入客户行为发生日期属性，行为类型分析将变得更加强大。例如，行为类型分析可以指导某个客户的购买行为，当分析人员发现客户购买的花生酱品牌发生变化时，就对客户进行研究分析，然后进一步跟踪他们购买的品牌，观察他们是否再次选择了新的品牌。要正确完成上述工作，跟踪这些购买事件时就必须拥有正确的时间戳，以便获得准确的行为结果。

这种策略在实际生产中有一定的局限性。首先，该方法需要有获取数据仓库中实际行为表的数据接口，并且要有人来管理和维护这些接口。当从某个复杂的行为报告中得出结果后，为了能方便地引用这一分析结果，需要从实际行为表中选择某一个客户属性作为行为维度的主键。这些行为类型表必须与主事实表使用同一种方式来存储，因为它们要直接和客户维度表关联，这显然会增加数据库管理员的工作量。

二、客户连续行为分析

企业在生产过程中有时候需要了解特定客户某段时间的行为动向，借此来改变对该客户的销售策略，这就需要用到连续行为分析。多数 DW/BI 系统都有形成连续过程的良好示例，通常从特定位置开始考察用户流或产品动向。有关连续行为分析典型的例子，就是通过客户的 Cookie 获取客户在连续多个 Web 页面的会话信息。分析连续过程时，理解在整个序列中哪里是个体有效的步骤，是企业面临的一个主要挑战。

步骤维度，即客户在整个会话环境中的具体操作。

使用步骤维度，可以在特定的某个页面快速地找到页面所属的角色（整个会话、连续购买、抛弃的购物车）。通过这个经典的 Web 时间步骤维度分析，企业可以确定连续会话的"引导"页；还可以查到客户抛弃购物车时的最后一个页面，以及抛弃购物车之后客户又访问了哪个页面。

建模连续行为的另外一种方法是为每个可能出现的步骤建立特殊的固定编码。如果需要跟踪零售环境下的客户购买产品的行为，并且如果每个产品可以被编码，如以 5 位数字编码，那么企业就能够为每个客户建立包含产品代码序列的文本列。

现在使用通配符可以搜索特定的产品购买序列或与其一起购买的产品的情况，或者在卖出某个产品的同时，另外某个产品未被卖出的情况。现代关系型数据库管理系统也具备存储和处理这些长字符文本的能力，并且也提供很多利用通配符的搜索。

三、客户行为分析模型

企业针对客户的不同行为，会采用几种常用的分析模型，通过数据分析方法的科学应用，经过理论推导，相对完整地揭示客户行为的内在规律。这些分析可以帮助企业建立快速反应、适应变化的敏捷商业智能决策系统。常用的分析模型有行为事件分析模型、漏斗分析模型和行为路径分析模型。

（一）行为事件分析模型

在现在的互联网模式下，事件的传播速度之快是无法想象的，但是事件给企业带来的影响也是很难评估的。例如，某电商平台发现某个时间段内商品的销量有所下降，据客服反馈说有几个客户在平台上买到了假货，发表了一些不好的评论，对平台的声誉造成了不好的影响。这种针对某一事件的分析，可以采用行为事件分析模型。

行为事件分析模型研究某行为事件的发生对企业组织价值的影响以及影响程度。企业通过对客户的业务行为进行追踪，如客户注册、浏览产品详情页、成功投资、提现等，研究与事件发生关联的所有因素，以此分析客户做出这种行为的原因以及产生的影响等。行为事件分析模型具有强大的筛选、分组和聚合能力，逻辑清晰且使用简单，已被广泛应用。行为事件分析模型一般有事件定义与选择、下钻分析、解释与结论等环节。

现在以"网络爬虫的识别"为例来说明客户行为事件分析的过程。某社交平台运营人员发现，一段时间以来关于某一地市网页的浏览量异常高，因此需要快速排查原因（是真实流量还是网络爬虫）。平台运营人员可以先定义事件，通过"筛选条件"限定流量来源，再从其他多个维度进行细分下钻，如"时间""访问地址""操作系统""浏览器"等。在进行细分筛查时，网络爬虫就会现出原形。

（二）漏斗分析模型

漏斗分析模型是一套进行流程式数据分析，能够科学反映客户行为状态以及从起点到终点各阶段客户转化率情况的重要分析模型。例如，在一款游戏产品中，玩家从下载 App 开始到消费，一般会经过五大阶段：激活 App、注册账号、进入游戏、体验游戏、购买装备。漏斗分析模型能展现出各个阶段的转化率，通过对各环节相关数据的比较，直观地发现和说明问题所在，从而找到优化的突破口。现在漏斗分析模型已经广泛应用于流量监控、产品目标转化等日常数据运营与数据分析中。

漏斗分析模型仅仅能呈现简单的转化率吗？答案是否定的，科学的漏斗分析模型能够帮助企业获得以下价值：

（1）企业可以监控客户在各个层级的转化情况，聚焦客户选购全流程中的有效转化路径，同时找到可优化的短板，提升客户体验。留住客户、降低客户流失率是企业自始至终都要关注的问题，通过分析不同层级的转化情况，漏斗分析模型能快速、直观地定位到客户流失的环节，有针对性地对薄弱环节进行优化，如此就可以降低客户的流失率。

（2）多维度切分与呈现客户转化情况。漏斗分析还能够呈现转化率趋势的曲线，帮助企业洞察客户的行为变化。提升转化分析的精度和效率，对企业的营销策略调整有着科学的指导意义。

（3）对不同属性的客户群体进行漏斗分析比较，从差异角度窥视优化思路。企业在需要对不同客户群体（如新注册客户与老客户、不同渠道来源的客户）的行为过程做分析的时候，可以采用漏斗分析模型，分别对每个客户群体画出漏斗模型，对比各个环节的转化率、各流程步骤的转化率，了解转化率最高的客户群体，根据分析结果对不同的客户群体实施差异化营销。

（三）行为路径分析模型

中国某个社区的 O2O（online to offline，线上到线下）服务平台，在一次评估客户总体转化率的过程中，通过漏斗分析发现，登录社区 App 后，提交订单的商超客户仅有 30%。问题已经暴露得很清楚了，提交订单这一环节的转化率太低。如何才能有效地提高客户在这一环节的转化率？应该从哪些方面来分析这些客户的行为？客户行为路径分析模型是一种行之有效的模型，它为企业实现理想的数据驱动与布局调整提供科学指导，具有重要参考价值。

客户行为路径，顾名思义，就是客户在业务实现过程中的路径，在这里是指客户在 App 或网站中的访问行为路径。为了检验网站优化或者营销活动的效果，企业应时常对客户的访问路径的转换数据进行分析。以刚才提到的 O2O 平台为例，客户从登录网站或者 App 到支付成功，需要经过浏览首页、搜索商品、加入购物车、提交订单、支付订单等过程。而客户的选购过程掺杂了很多个人情感，这是一个复杂的、难以预测的因素。例如，客户提交订单后，很可能返回首页继续搜索商品，也可能取消订单，不管哪种路径都蕴含客户的出发点和动机。综合其他分析模型，对客户行为进行深入分析后找到客户的动机，从而引导客户走到企业期望的路径上来，是行为路径分析模型希望达到的最终结果。

客户行为路径分析模型以目标事件为起点，详细分析客户后续或者前置的行为，最终还原整个目标事件。科学的客户行为路径分析模型能够给企业带来如下价值：

（1）形成可视化客户流，帮助企业全面了解客户整体行为路径。客户行为路径分析模型可以对业务流程中某个特定事件以及上下游事件进行可视化展示。企业可以清楚地查看事件的相关信息，如事件的分组属性值、后续事件列表、后续事件统计、客户流失等。运营人员通过这些事件信息去找到客户行为规律，从而判断当前的业务流程是否合适、营销策略是否有效。

（2）定位影响转化的主次因素，使产品设计的优化与改进有的放矢。行为路径分析模型对网站的优化、产品的设计有着重要的指导意义。它清晰地展现了从客户登录到购买整个行为流程中各个环节的转化率，发现客户行为和偏好，判断影响转化的主要因素和次要因素，找到当前推荐路径中存在的问题，最终优化推荐路径。

四、使用满意度指标标记事实表

在多数组织中，盈利是最重要的关键性指标，客户满意度通常是处于第二位的指标。但在那些不考虑盈利的组织中，如政府机关，满意度是（或应该是）最重要的指标。

实际上，每个面向业务过程的客户都是满意度信息的潜在来源之一。满意度类似于盈利指标，需要集成多种资源，包括销售、退货、客户支持、计费、网上活动、社会媒介，甚至是地理定位数据。

满意度数据可以是数值，也可以是文本。企业也可以以两种方式同时建模客户满意度度量。度量可以是可加的数值事实，也可以是服务级别维度的文本属性。满意度的其他纯数字度量包括产品退货的数量、失去客户的数量、支持呼叫的数量，以及来自社会媒体的产品态度度量。

文本满意度数据一般以两种方式建模，主要看满意度属性的数量和输入数据的稀疏性。

五、使用异常情景指标标记事实表

累积快照事实表依赖一系列实现流水线过程的"标准场景"的日期。对订单实现来说，其步骤有订单建立、订单发货、订单交付、订单支付和订单退货等。该设计在 90% 以上的情况下都会成功（希望没有退货）。

但是如果偶尔出现偏离正常的情况，目前没有好的办法来揭示发生了什么情况。例如，当订单处于交付期时，送货的卡车轮胎瘪了，于是将货物卸载并重新装载到另外一辆卡车上，但遗憾的是，这时天空开始下雨，货物被雨淋湿了，客户拒绝收货。在累积快照的标准场景中往往没有考虑对此类情况建模。

　　描述针对标准情况的异常情况的方法是在累积快照事实表上增加一个发送状态维度。针对此类异常的交货场景，可使用状态异常标记该订单完成列。分析人员如果希望查看整个过程，则可以通过订单号和整个过程所涉及的列表号连接伙伴事务事实表。事务事实表连接事务维度，表明该事务的确出现轮胎漏气、货物损坏和诉讼等情况。尽管该事务维度将会随时间不断增加，但整体仍将呈现出有界且稳定的状态。

第六章　商务智能技术
在电信行业的应用

第一节　国内电信行业
商务智能系统的特点

国内电信行业商务智能系统具有如下特点：

一、数据量大

随着中国通信事业的迅速发展，中国目前拥有巨大的电信运营市场。截至2023年底，中国5G移动电话用户达8.05亿户。面对如此庞大的用户群，国内却仅有几个电信运营商，这必然导致每个运营商的用户数据十分大。

在商务智能项目上，国内电信运营商的数据积累也是庞大的。如何统一整理如此庞大的数据源，并从中分析出有价值的信息，成为国内电信行业商务智能项目建设的技术难点。

二、集成复杂

国内的电信运营商，涉及的业务系统十分繁杂，不仅有网络管理系统，而且有大量的网络支撑系统（如计费系统等）。由于历史的原因，这些庞杂的系统一般是由不同的开发商开发的，而这些开发商的系统构成也有所差异。因此，要将这些系统进行集成，在技术上面临着很大的问题，怎样进行数据源的规划和采集，是个十分困难的问题。而数据仓库不仅会采集部门级的数据，最终也将演化成为企业级的数据仓库，涉及企业的各个运转环节。因此，商务智能建设是一个循序渐进的过程，无法一蹴而就，这本身也说明了商务智能项目的难度。

三、业务种类多

国内的电信运营商都有不同的经营范围和内容，经营的业务种类都比较多。而商务智能的应用是与业务内容紧密结合的，业务种类繁多，意味着商务智能后续的分析工作量就会比较多。例如，国内的电信企业不仅提供传统的通话业务，也提供一些数据业务，而通话业务和数据业务在业务特征方面的表现有很多的不同，因此在数据分析方面，也将有很多不同的内容。

四、分析系统性能要求高

国内电信运营商的用户数据量比较大，这导致数据仓库的规模比较庞大，因此对数据分析系统的性能要求较高，否则无法满足实际业务应用的需要。例如，国内电信运营商一个省的用户规模，就常常相当于欧洲一个中等国家的全国用户规模。因此，在进行数据分析的过程中，数据仓库的规模比较大，常常出现系统运行繁忙的情况，而且无法判断是死机了，还是正在忙于计算，一时无法计算出结果。这就对分析系统有较高的性能要求。

第二节　电信行业应用
商务智能的原因

国内的电信企业以中国移动通信公司为首，已经开始建立自己的商务智能系统。之所以国内大规模建设商务智能系统的实践首先发生在电信行业，是因为国内电信行业的数据电子化程度更高，而且在用户数据的使用方面，电信行业没有金融行业的一些法律方面的限制。同时，市场竞争的加剧，也使电信行业开始涉足商务智能领域的建设。国内电信行业应用商务智能，有以下一些必要原因：

一、垄断格局已经被打破

促使国内电信企业着手进行商务智能建设的根本原因是垄断格局的打破。由于国家逐渐允许更多的企业经营电信业务，电信企业原有的垄断地位被打破，高额利润减少。商务智能系统的建立将提高电信企业在自由竞争的市场中的竞争力，因此商务智能系统受到了国内电信企业的高度重视。

二、竞争更激烈

随着垄断格局的打破，市场竞争越来越激烈。竞争有多种表现形式，目前国内电信市场主要的竞争手段依然表现为价格竞争这种层面比较低的竞争，"价格战"的双刃剑效应已经在电视等行业表现得淋漓尽致。因此，在价格竞争的同时，电信企业也在进行网络质量方面的竞争，如提高网络服务覆盖率、接通率等，通过提高网络设备的质量，增强市场竞争力。

随着设备投入方面的不断趋同，不同电信运营商间的网络质量差异将逐渐缩小，这就要求电信企业能够在更高的层面上进行竞争，商务智能则为其提供了必要的技术支持手段，因此电信企业最终必然选择商务智能。

三、提高服务质量的要求

电信市场的竞争，要求企业能够不断地为用户提供个性化、有针对性的服务，建立客户关系管理系统。只有在商务智能的基础上，电信企业才能在技术层面为服务质量的提高提供足够的支持。商务智能能够提供分析型 CRM 系统，能够分析出用户很多非直观的、隐藏的信息，为市场活动提供更深层次的技术支持。通过商务智能技术，电信企业能够区分出具有战略意义的用户，更好地理解用户的行为，并预测市场的发展趋势。

四、数据电子化程度较高

商务智能较早地应用于电信行业还有一个重要的原因，就是电信企业的数据电子化程度较高，这减少了商务智能建设过程中数据源的整理工作量。因此，电信企业比较容易迅速提升自身的市场竞争力，这也为电信企业应用商务智能奠定了数据基础。

总之，在竞争越来越激烈的市场环境中，电信企业迫切地需要一种高效的方式，精确地存取可信的信息，以此提高市场反应能力，提高经营服务水平。因此，电信企业选择商务智能系统作为下一阶段提高业务支撑能力的重要手段。

第三节　电信行业商务智能系统的功能

一、固定电话话费行为分析

在固定电话通信市场，固定电话的"热装冷用"一直是令各电信公司困扰的事。电信企业如果能对用户历年来大量的电话、信息台的详细话单数据和用户的档案资料等相关数据进行关联分析，通过对用户的分类，从消费能力、消费习惯、消费周期等诸多方面对用户的话费行为进行分析和预测，就可以寻找出消费能力比较强、具有发展成为通信大客户的潜力的用户，然后有针对性地提供一些优惠资费策略，以此激发出这些用户通话的热情，有效地解决电话的"热装冷用"问题。电信企业还可以通过对通话起止时间及通话时长的分析，得到各类用户的通话时段分布情况、日消费高峰、月消费高峰及什么地方的用户消费能力比较强、什么地方的用户消费能力偏低等信息。

固定电话话费行为分析的目的就是寻找电话用户消费的特点，并据此提出有关的业务推销策略，满足业务发展的需要。

二、优惠策略预测仿真

电信企业中经常需要通过一些优惠策略，鼓励用户使用电信业务，增加通话时间等。这些优惠策略既方便了用户的使用，也增加了企业的实际利润额。优惠促销固然可以开拓市场，但如果实施了不当的优惠策略，结果可能适得其反。企业可以利用商务智能技术实现优惠策略在模型上的仿真，根据优惠策略进行模拟计费和模拟出账，仿真结果将提示企业所制定的优惠策略是否合适，并指导企业按情况进行调整、优化，使优惠策略发挥应有功能。

三、欠费和动态防欺诈行为分析

欠费问题一直是电信企业面临的一个严重问题。催费、停机、拆机这样的举措并不能制止用户的恶意欠费行为，相反还会使一些偶尔欠费的用户怨声载道。欠费和动态防欺诈行为分析就是在总结各种骗费、欠费行为的内在规律后，在数据仓库的基础上建立一套欺骗行为和欠费行为的规则库。另外，欠费和动态防欺诈行为分析不仅可以被动地进行预防分析，还可以主动地进行统计分析。欠费和动态防欺诈行为分析能及时预警各种骗费、欠费行为，使企业尽量减少损失。同时，从用户的缴费销账情况、社会类别、占用资源等方面分析用户的信誉度，能指导企业对不同信誉度的用户提供不同的服务及优惠。欠费和动态防欺诈行为分析是商务智能技术在电信领域的主要应用之一，可以为企业节约大量的资金，降低企业经营的风险。

四、经营成本与收入分析

一个在市场经济中运作的企业，在兼顾社会效益、客户服务等方面的基础上，尽可能获得最大的经济效益是企业运作的核心目标之一。

经营成本与收入分析就是对企业各种类型的经济活动进行成本核算，比较各种业务收入（通信业务收入、其他收益）与各种费用（业务成本、管理费用、税收、其他支出）之间的收支差额，分析经济活动的曲线，得出相应的改进措施和办法，从而降低成本，减少开支，提高收入。

五、网络管理和网络优化分析

国内电信企业目前大多都建成了省网管中心和各地网管集中操作维护中心，以对网络进行管理。它们包含的数据是调整、优化固定网络结构，提高全网通话质量的根本依据。网络管理和网络优化分析就是对目前网络管理中大量的数据进行分析、聚类，从而为提高全网质量、优化网络结构、进行网络规划提供可靠的保证。

六、形成动态报表

由于业务和管理需求的不断变化，且许多需求在系统设计之初都被忽略，报表输出难度日益增加，报表形成困难和制表人员工作量增加是目前电信企业亟须解决的问题。

电信企业可以利用商务智能技术中元数据的思想，将报表元素分解成基本构件，按用户轴、时间轴、地域轴、通话类型轴等对数据进行统计分析，形成各种各样的动态报表。

另外，商务智能技术在电信行业中的应用，不仅包括市场分析，也包括对财务、人力资源等方面数据的分析，并就此完成对企业发展管理中各个环节的诊断分析，寻找企业内部管理的不足，并提出有针对性的改进措施。

第四节　商务智能关键技术
在电信行业中的应用

一、OLAP 在电信行业中的应用

国内电信企业建设数据库，在初期一般以 OLAP 分析为主，这样可以保证基本的业务需要，同时也可以熟悉商务智能中的技术内容。从电信企业的角度来看，OLAP 分析包含许多类型的分析主题。分析这些主题，可以为市场活动提供直接的技术指导。

（一）OLAP 分析的主题类型

根据市场业务发展的需要，电信企业商务智能 OLAP 分析的主题包括如下内容：

1.客户发展情况分析

客户发展情况分析主要是依照客户的自然属性和消费行为属性对客户进行分析，分析的主要指标包括客户总量分析、新增客户分析、客户流失分析、客户行为分析、客户信用度分析和客户风险分析等。对一定时间段内的新增客户进行分析，能够对相应群体的潜在客户采取有针对性的发展策略，使其尽快成为现实客户。

2.业务情况分析

业务情况分析主要反映电信业务发展方面的一些内容，包括业务量分析、业务资源使用特征分析等内容。其中，在业务量分析方面，企业按照不同的地域、客户特征、消费层次、呼叫类型等对客户的业务量、新业务的使用量等进行分析，以此来了解不同业务量的客户构成、业务量的变化与发展趋势等。

159

3.收益情况分析

收益情况分析能够使电信企业了解自身业务收益的具体组成情况，包括收入总量及其变化分析、每个用户的平均收入分析等内容。例如，收入总量及其变化分析能够从时间、地域、客户年龄组、客户性别、消费层次等不同角度分析收入总量及其变化（收入增量），预测其在一定条件下的变化趋势，为企业提高收入、制定合理的市场营销策略提供科学的、有效的依据。

4.市场竞争分析

市场竞争方面的分析包括市场占有率分析、供应商市场行为特征分析等。其中，在市场占有率分析中，市场人员能够了解不同时间段内的不同业务、品牌的产品或服务的市场占有率情况，了解市场中最有价值的产品或服务、了解不同产品的主要竞争对手，从而为市场经营提供指导。

5.服务质量分析

服务质量分析包括客户服务质量分析、客户服务时限分析、客户满意度分析等内容。其中，在客户服务质量分析中，服务质量指标体系（A类、B类、C类）由服务功能、服务环境、服务质量、服务培训和服务监督等方面的内容构成。电信企业通过各类检查方法（省内自查、全国互查、抽样调查、统计调查）对服务质量体系指标进行打分，实现移动电话售前、售中、售后各个环节的服务质量评估，从而发现服务中的薄弱点和优势，并得到不同客户群对服务的不同要求（包括服务质量和服务内容），为给客户提供正确的服务打下基础。

6.营销管理分析

营销管理分析为电信企业提供业务营销方面的分析，内容包括营销渠道分析、代销商客户发展分析等。其中，在营销渠道分析中，通过对营销渠道作用的分析，企业可以知道采用何种营销渠道对自身的快速发展最为有利，从而不断优化营销网络。

7.大客户分析

由于大客户对于电信企业具有十分重要的作用，因此大客户分析也是电信运营商分析工作的重点。大客户分析包括大客户构成分析、大客户发展与流失分析等方面的内容。其中，在大客户构成分析中，通过对大客户年龄、性别、职业等属性的分析，企业可以了解大客户与整个客户群体之间的差异，了解按客户自然属性进行同等类型下大客户构成与普通客户构成的差异。

（二）OLAP 步骤研究

OLAP 是基于数据仓库的信息分析处理过程，它使分析人员、管理人员或执行人员能够针对某个主题，从多个角度进行分析，从而快速、交互地得出分析结果。它通过生成包含各种"维度的立方体"（MOLAP）或者是"关系的立方体"（ROLAP），又或者是二者的结合（HOLAP），对数据以"钻取、切片、维度转换"等手段进行相关主题分析。

要想进行 OLAP 分析，就要遵循以下步骤：

（1）确定分析主题。

（2）选择分析方法。

（3）定义分析维度。

（4）根据分析主题构造具体的维度立方体。

（5）解释分析结果。

下面将以分析移动电话业务收入总量及其变化的 OLAP 为例，研究 OLAP 在电信行业中的应用过程。

1.确定分析主题

对移动电话业务收入总量及其变化的分析，主要包括两方面的内容：

（1）业务收入结构分析。根据各数据库的业务收入表，从收入种类、用户类型等方面分析收入的各类来源，帮助企业决策者选择新的收入增长点。

（2）业务收入发展分析。分析业务收入的发展状况，根据历史的业务收入状况来做趋势预测。

OLAP 从所给的数据中对收入总量及收入增量进行分析，并能为预定义的某些特定条件下的关于收入总量的关键指标（如某一时间的收入总量、某一地域的收入总量、某客户群体的收入总量等）设定预警条件（涨跌告警、特定值告警等），从而实现对关键指标的实时监测。当收到告警后，决策分析人员可从相关角度对其进行原因和影响的分析，查找指标出现异常的原因。

2.选择分析方法

确定分析方法的步骤如下：

（1）对指定条件下（如一年的时间内）的收入总量及增量进行分析。

（2）what-if 模型，又称"如果-那么"模型，是一种敏感性分析工具。随着信息技术和商业智能的发展，what-if 分析可以与商务智能数据分析工具结合起来，更清晰地展现某一因素或者某一假设的改变对企业利润的影响。OLAP利用 what-if 分析表，从资费政策、优惠策略等对收入总量及增量有影响的方面进行仿真，帮助决策部门制定更有利于提高收入总量的策略。what-if 分析表如表 6-1 所示。

表 6-1　what-if 分析表

项目	收入总量	收入增量	每用户平均收入（ARPU）
年龄组			
客户性别			
消费层次			
客户类型			
客户职业			
服务品牌			
业务类型			
呼叫类型			
漫游类型			
对方类型			

3.定义分析维度

在确定了分析主题和分析方法后，就可以对上表的各个角度再详细定义分析的维度，如按照表 6-2 进行时间维度的定义。

表 6-2　时间维度的定义表

维度	时间因素						
类别	购物日期	通信日期	时段	星期	忙时/非忙时	假日	时段
层 1	年（年历）	年（年历）	一般时段/减价时段	一、二、三、四、五、六、日	忙时/非忙时	假日/非假日	一般时段/减价时段
层 2	季度	季度	小时（24小时）				
层 3	月	月					
层 4		周					
层 5		日					
测量指标	通话分钟数、通话次数、金额、客户数的排名、成长以及成长率						

而从客户类型的角度来看，则可以通过表 6-3 定义相关的维度。

表 6-3　客户类型维度定义表

维度	客户类型								
类别	单一/群组客户	住宅/非住宅	签约/非签约客户	行业	大客户折扣率	新旧客户	流失与回流	营收级距	分钟数区间
层 1		客户类型（个人/公司）							
层 2		用户							
测量指标	通话分钟数、通话次数、金额、客户数的排名、成长以及成长率								

定义好维度的层次结构之后，可以使用 OLAP 工具将它们构造出来。目前，各厂商的 OLAP 工具都附带构造维度的工具。利用这些工具，相关人员可以方便地构造出复杂的维度层次结构，以及各种计量指标。

4.根据分析主题构造具体的维度立方体

（1）通话量增加/减少的用户特性分析

①需要的维度：业务项目、出账月份、用户类别、行业类别、机构类别、

客户在网时间区间、套餐号、本月与上月通话分钟数差的区间、本月与过去三个月平均通话分钟数差的区间、本月通话分钟数区间、本月营收区间等。

②测量指标：本月营收、上月营收、前三个月营收合计、本月通话分钟合计、上月通话分钟合计、前三个月通话分钟合计、通话次数和客户数等。

③业务问题：

业务问题 1：逐月新增客户特性分析。

处理说明：逐月新增客户是指本月通话量较上月增多的客户。从 OLAP 模型的新增客户群体中找出符合上述条件的客户，并列出客户属性（例如，客户名称、联络电话号码、传真号码、E-mail、证件号、地址、所属行业等）。

业务问题 2：列出本月通话分钟数少于过去 n 个月平均通话分钟数的客户属性，并以不同的通话分钟数或营收区间统计客户数、营收及营收减少金额。

处理说明：从 OLAP 模型中找出通话分钟数少于过去三个月平均通话分钟数及以上的条件，找出当月的通话分钟数少于上述条件的客户并列出客户属性。

业务问题 3：列出高价值客户或高价值客户群体及他们的等级（客户群体可按照业务项目、ARPU 等来分类）。

处理说明：高价值客户是指多通信量或创造高营收的客户。从 OLAP 模型的高价值客户群体中找出符合上述条件的客户并列出客户属性。

（2）客户群营收贡献分析

①需要的维度：业务类别、出账月份、机构类别、行业类别、用户类别、本月与上月营收差的区间、本月与上月通话分钟数差的区间、通话分钟数区间、营收区间、通话分钟数连续下降或上升的月数、客户在网时间区间、套餐号等。

②测量指标：本月营收、上月营收、通话分钟数、上月通话分钟数、通话次数、报查项目次数、查询项目次数、投诉项目次数、账务项目数、业务项目数、其他项目数、客户数等。

③业务问题：各客户群体对营收贡献如何？

处理说明：可按照客户类别、行业类别将客户区分为流失群体、高价值客户群体等。高价值客户群体是指高通信量客户或创造高营收的客户，可按照通话分钟数区间维度、营收区间维度区分，客户流失群体可按照本月与上月时间差维度、通话分钟数连续下降月数维度等进行区分，根据以上的分析主题、需要的维度以及测量指标，就可以构造出物理 OLAP 模型。

对关系型的 OLAP，构造出的 OLAP 模型就是一个基于数据仓库（逻辑结构可能是星型模式或者第三范式）的专用于该主题的星型结构表。对于多维的 OLAP 来说，构造出的 OLAP 模型是一个独立的、存放在专用在线分析处理服务器（OLAP Server）中的多维立方体。

在混合型的 OLAP 中，存放的方式是这两种的结合。主题的分析数据使用关系型模式存放在星型结构中，某些对速度要求很高、需要优化的部分（主要是一些汇总数据），则存放在多维立方体中以加快访问的速度。

5.解析分析结果

OLAP 分析产生一系列的图表，系统每天将这些图表提交给各级决策人员进行分析。以下列出了几个结果样例。

客户通信量的变动及其特征如表 6-4 所示。

表 6-4　客户通信量的变动及其特征表

内部号码	客户编号	客户行业	客户9月通信支出（元）	客户8月通信支出（元）	通话次数（次）	通话时间（分钟）
1	139********	金融保险	599.85	568.47	796	5 647
2	188********	邮政通信	426.98	426.58	423	3 568
3	198********	事业单位	398.75	365.47	654	2 547

表 6-4 向移动通信公司的经营者展示了在某年 8、9 月客户通信量的增减情况，以及客户的相关特性，从中可以了解通信量变化比较大的客户。

二、数据挖掘在电信行业中的应用

数据挖掘的算法比较多。在具体应用时，数据挖掘算法应该与具体的业务相结合，一个数据挖掘应用可能会同时使用几个数据挖掘算法。在一个应用中，不同的步骤可能需要应用不同的算法，某个算法可能需要用到另一个算法的结果，其输出也可能是另一个算法的输入。不同算法之间还可能是竞争关系——几种算法同时用于一个挖掘应用。经过评价之后，企业会选择效果最好的算法。

在我国电信企业的业务中，数据挖掘技术主要应用于以下几个领域：

（一）业务预测

1.概述

预测就是通过对历史数据的分析，找出影响业务发展的因素，然后对这些因素的未来发展做出预测，从而大致地确定未来的业务量。对业务的预测是制订今后发展计划的重要依据。将实际值与预测值进行对比，企业可以测量预测的准确性，从而更加精确地找出相关因素，改进预测的方法。由于电信运营商的业务种类繁多，因此，应用预测方法的场合也很多。例如，为了确定未来的市场规模，企业需要对移动电话客户的增长情况做出预测；为了确定下一年的发展目标，企业需要对各种业务的增长情况做出预测；为了提高网络的运营质量，企业需要根据历史信息，对未来可能发生故障的设备做出预测。

2.需要的数据

根据预测主题的不同，预测所需要的数据也不尽相同。预测的基本思想就是根据历史数据推导出未来的情况，因此预测所需要的数据主要是与预测主题相关的历史数据。在具体应用时，所需数据还与所选择的算法以及算法所需的参数有关。例如，要对下一个月移动电话话务量进行预测，可以使用时间序列分析预测，也可以使用神经网络中的反向传播（back propagation, BP）算法进行预测，还可以使用简单的统计方法（如移动平均法）预测。每种算法还可以采用不同的数据粒度、采集不同的数据样本。例如，以过去 12 个月的数据为样本，以月为单位；或者以过去 3 年的数据为样本，以季度为单位。预测所需的数据样本可以通过挖掘工具自带的数据库接口或者关系型数据库的管理工具获得。

3.应用的主要挖掘算法

（1）时间序列分析。

（2）神经网络预测。

（3）简单的统计方法（移动平均法、修正的移动平均法等）。

（二）客户的呼叫模式分析

1.概述

对客户的呼叫模式进行细致的分析能够使电信企业更清楚地了解客户的喜好，分析结果是电信企业进行市场营销活动的依据。通过对呼叫模式的分析，电信企业可以了解到一些客户的基本特征。例如，某些客户喜欢在白天打电话，某些客户喜欢在晚上打电话，某些客户可能每个月集中在某几天打电话，某些客户的呼叫对象主要集中在某几个电话上。提取这些特征，将为分析客户的差异性提供依据，从而使市场部门有能力对不同的客户制定不同的营销策略。另外，呼叫模式分析还是一些数据挖掘应用（如客户群体的细分以及话费欺诈的识别）的基础。

2.需要的数据

呼叫模式分析应用的数据主要是话费清单。话费清单中记录了客户的详细通话信息，包括呼叫的时间、呼叫的时长、主叫号码、被叫号码、计费信息等。另外，对特定客户群体的呼叫模式分析还需要该群体的基本账户数据，并对其进行交叉分析。话费清单和客户账户数据都可以直接从数据仓库中提取。

3.应用的主要挖掘算法

（1）基本统计方法（用于单个客户或特定客户群体的特征分析）。

（2）时间序列分析（整体趋势分析）。

（3）神经网络算法。

（4）关联分析。

（三）大客户特征的识别

1.概述

企业的大客户群体往往是利润的主要来源，大客户资源是企业竞争力的重要体现，也是电信企业争夺的焦点。识别出大客户，为他们制定有针对性的营销措施，提高大客户的忠诚度，是电信企业保持领先的关键所在。电信企业分析系统中的数据挖掘工具应该具有识别大客户及其行为特征的能力。企业不仅要根据现有的消费量来判断用户是否为大客户，还应该根据现有大客户的资料，提取出大客户的特征，并发现潜在的大客户。

2.需要的数据

（1）账户数据。

（2）通话数据。

（3）计费数据。

3.应用的主要挖掘算法

（1）聚类分析。

（2）分类算法。

（3）神经网络算法。

（四）客户群体的细分

1.概述

细分客户群体是一对一营销的基础，包括分类分析方法和聚类分析方法。其中传统的客户分类方式是分类分析方法，是指事先人为地根据客户属性确定分类标准，再对用户进行归类。聚类分析方法是指系统根据客户属性，使群内客户具有最大的相同性，群间客户具有最大的相异性，自动产生聚类标准，再按此标准对用户进行归类。数据挖掘系统可以在分类分析方法的基础上，再运用聚类分析方法进一步细分，直到获得所需要的粒度，并由此对客户群体进行各种分析。

2.传统的客户分类方式及其不足

大多数的企业是按照人口自然特征对客户进行分类的，如根据客户的性别、年龄、收入、文化程度、地理位置、职业类型、单位性质、婚姻状况等来划分客户群。但是，这种划分只能够回答一些"我的客户平均年龄是多少""我的客户主要来自哪一个区域"这类简单的问题，并没有使客户与企业之间发生信息的交互。

以下是按照人口自然特征进行客户划分的一些缺点：

（1）过于笼统粗糙。按照这种方法分类，同一类客户在很多有商业含义的关键点上存在很大的差别。

（2）没有与客户的消费行为特征结合，很难进行准确的市场推广活动。

（3）人口自然属性通常是难以获取的，还有很多不可靠的数据。

（4）人口自然属性是不断变化的（如客户收入、学历、职业的变化等），必须对客户进行长期的跟踪。

OLAP 分析虽然可以将人口自然属性与用户的部分消费行为特征（如在网时长分层、平均消费层次等）进行组合分析，但这种分析是按照人们凭经验事先设计好的路径进行组合查询分析的。OLAP 分析一般按照特定的维度以离散化的方式进行分层（如消费为 0 元、1～80 元、81～200 元、201～300 元、301～500 元、500 元以上）。

那么，这种分段处理的方式是否能发现凭感观与经验难以发现的新客户群呢？如果划分客户等级的标准发生变化，那么处理方式能否做动态的调整呢？显然，OLAP 分析只能够做一些机械的分段，难以解决这些问题。而且，一旦客户的平均消费水平发生改变，这种分段阈值就需要推倒重来。对客户群进行细分的最好方法是全面地收集客户信息、存储客户信息、运用数据挖掘方法按客户内在特性（有商业价值的、反映客户与客户之间区别性或相似性的特征）对客户进行分类，而不是人为地设定某种分类方式。

3.进行客户细分所依赖的数据

以客户为中心的市场营销并不意味以客户的自然属性（人口自然属性）为中心。相反，基于客户行为特征的分类更容易与市场营销进行结合。因此，在进行客户细分时，客户的行为特征是主要依据，自然属性是辅助的依据。行为特征主要包括呼叫行为特征、业务行为特征和其他行为特征，它们都可以从企业本身的事务数据（对电信企业来说，就是通话详单数据）中得到，因此比较可靠。呼叫行为特征主要包括总呼叫时长、国际长途呼叫时长、国内长途呼叫时长、省内长途呼叫时长、本地呼叫时长、晚间呼叫时长、白天呼叫时长、正常时段呼叫时长、优惠时段呼叫时长、周末呼叫时长、周日呼叫时长、主叫（呼出）时长、被叫（呼入）时长、呼入电话号码数、呼出电话号码数、呼叫时长最长的呼叫位置处的呼叫时长、呼叫时长次长的呼叫位置处的呼叫时长、短消息条数、短消息发出号码、短消息接收号码等。

业务行为特征主要包括所使用的增值业务与新业务（如呼叫等待、呼叫前转等）的数目、使用通用分组无线业务等的业务量、所使用的互联网类型的业务数目、所使用的计费业务数目、所使用的免费业务数目、所使用的信息业务数目、所使用的亲友与家庭类型的业务数目等。

其他行为特征主要包括入网渠道、入网时长、手机型号、到目前为止更换手机的次数、套餐类型、缴费方式、到目前为止改变缴费方式的次数、合同状态、客户级别等。

另外，进行客户细分所依赖的数据很多是聚集（汇总）数据，企业可以选择月聚集、季度聚集或半年聚集这些数据，为数据挖掘奠定基础。

4.进行客户细分采用的数据挖掘技术

进行客户细分主要采用的是聚类分析方法。聚类分析是一种统计分析方法，它通过对实体的特征进行归一化处理，对具有多种特征的不同实体进行分组，使每一组之间的差异最大化，组内的差异最小化。从应用数学的工具角度来看，聚类分析又分为统计聚类与神经网络聚类、模糊聚类等聚类方式。其中统计聚类又分成欧式距离聚类、马式距离聚类等。

　　下面运用一个简单的例子来解释聚类的概念。一个电信公司希望通过分析不同年龄的用户使用的增值业务，来有针对性地构造业务的组合，提高盈利能力，该电信公司的数据仓库中存有如表 6-5 所示的数据。

表 6-5　数据仓库中的客户年龄与其主要使用的增值业务的记录表

客户年龄	主要使用的增值业务
23	互连星空
45	来电显示
32	宽带包月
47	来电显示
46	来电显示
36	宽带包月
51	来电显示
28	互连星空
49	来电显示
29	互连星空
26	互连星空
31	宽带包月

　　通过一个二维的图形，我们可以将这些数据涉及的客户分为 3 个组，第一组是年龄为 23～29 岁的用户，他们主要使用的增值业务是互连星空；第二组是 32～36 岁的用户，这些用户主要使用宽带包月服务；第三组是 45～51 岁的用户，他们仅使用了来电显示增值业务。各个分组的内部都有相似的特征（年龄相似、使用的业务相同）。通过二维的图形，我们可以很容易地将三个分组识别出来。

　　在这个简单的例子中，我们只需要使用二维的坐标系就可以对数据进行聚类。但是，在实际情况中，需要参与聚类的变量很多，这个时候，就需要使用自动化的数据挖掘工具。

　　5.客户群细分挖掘技术在电信行业中的应用结果举例

　　以下将介绍某电信公司运用聚类算法进行客户群细分的应用案例。

在进行客户群细分之前，首先需要从业务系统或者经营分析系统中抽取适当的数据，再使用聚类算法得到九个不同的客户群，每个客户群的特点及主要统计特性如表 6-6 所示。

表 6-6　使用聚类算法得到的客户细分结果表

客户群编号	客户群名称	占总体客户的比例	呼叫行为	使用其他增值业务的频率	利润的比例	利润比例除以客户比例的比率
0	年轻且消费能力强的客户	11.8%	很频繁	中等	21.8%	1.84
1	真正的移动客户	8.5%	很频繁	高	13.9%	1.64
2	普通年轻客户	7.5%	中等	高	7.1%	0.95
3	本地客户	11.1%	频繁	低	15%	1.35
4	晚间客户	7.8%	中等	低	6.9%	0.88
5	使用增值业务的客户	9.7%	少	高	6.3%	0.65
6	保守用户	11.9%	中等	低	11.1%	0.93
7	经济群体	13.6%	少	低	9.5%	0.7
8	基础群体	18.1%	很少	低	8.4%	0.46

得到了分析结果之后，需要对结果进行解释。

例如，对客户群 5 的属性进行统计分析和描述：

客户群 5 具有的特点为对几乎所有的增值业务感兴趣，在所有时段内通话时长都很短，呼出电话号码数很少，入网时长较长，年龄在 40～50 岁。

这个聚类主要包含中年客户，他们订购的业务数较多，但通话量很低。这个聚类可以命名为"使用增值业务的客户"。虽然这些客户的通话量很低，但是他们带来的收益却并不低，而且忠诚度很高，这意味着收益来自客户订购的业务的增值费用很高。

从市场角度来看，这个客户群是很有潜力的。市场人员可以从中发现销售新产品或开展新业务的机会，最终为公司带来巨大的利润。例如，可以考虑向这个客户群推荐一些将语音业务以及增值业务结合在一起的套餐业务，从而提高他们对语音业务的使用量，增加该群体的语音业务带来的收入。

又例如，对客户群 4 而言，他们具有的特征为：通常在晚上打电话；除了亲情电话，对其他类型的业务不感兴趣；一般是 10 多岁的学生；拨打的绝大多数的电话都是本地的；对话费打折极为敏感；使用短信业务较多。

这一类客户是典型的学生客户，这个群体可以命名为"夜间客户"。他们的消费能力偏弱，所以通常会在优惠时段打电话，而且使用更多的是较为便宜的短信业务，对费用较高的业务不感兴趣。

这部分客户的利润水平较低，利润比例除以客户比例的比率只有 0.88。但是，如果采取适当的营销手段，提高他们对数据业务的使用量，就有可能提高这一群体的利润水平。而且，这个客户群在若干年之后，消费能力将整体增强，如果采取措施提高他们对企业的忠诚度，将有利于企业的长远发展。有鉴于此，市场部门可以为他们定制一个短信包月，而且网内通话低于预付资费水平的服务套餐，从而提高他们对语音业务和短信业务的使用量。

从客户群统计特性表还可以看出：客户群 0、客户群 1、客户群 3 的收益份额以及份额比（收益份额/客户数份额）都处于前三位，是需要保持的重要客户群（高端用户），这些信息对市场营销人员制定正确的市场策略、开展准确的促销活动是非常有价值的。

（五）客户流失的预测

1.概述

争取一个新客户的代价往往比留住一个老客户的代价要大得多。由于关系到市场份额以及营业利润，客户流失预测是电信运营商关注的重点之一。客户流失的原因有很多种，根据流失原因的不同，客户流失可以分为主动流失和被动流失。

客户流失预测的分析对象是已经流失和未流失的客户，具体做法是从他们的自然属性、行为属性以及其他属性中找出流失客户的特征，然后预测未来一段时间的客户流失概率。

2.分析目的

企业根据流失的客户和没有流失的客户的性质和消费行为,进行数据挖掘分析,建立客户流失预测模型,分析哪些客户的流失概率较大,流失客户的消费行为如何,造成客户流失的相关因素是什么,如竞争对手的优惠政策、业务系统故障、国家政策和现行经济运行环境等。客户流失模型能为决策人员制定相应的市场经营策略和留住客户提供决策依据,并预测该策略下的客户流失情况。

3.需要的数据

(1)流失标识:标识客户是否流失。

(2)客户信息资料:

①自然属性资料。

②合同资料:包括套餐计划、付费方式、定制业务、合同变更情况等。

(3)呼叫数据:

①呼叫频率:包括经常通话的电话号码、呼叫不同电话号码的数量等。

②呼叫质量:包括客户经常通话位置的掉话率、接通率等。

③呼叫模式:包括客户在优惠时段的通话次数,晚间通话次数,呼叫转移的号码、次数和频率等。

④其他呼叫数据:长途呼叫次数、呼叫时长的变化趋势等。

(4)账户和付费数据:包括用户的应收费用、欠费、延迟缴费次数等。

(5)其他数据:客服信息、竞争对手信息等。

4.挖掘过程

步骤1:数据准备。

建模人员从现有数据仓库中的物理数据模型数据表和源数据映像文件、最终用户访谈的记录、IT人员提供的系统相关文件,以及自己对所要建立的模型主题(客户流失)的了解,提出他认为可能与客户流失这个主题相关的数据项(或称为变量),交给相关的系统开发人员编写数据抽取程序并抽取数据。抽取出来的数据交给建模人员做初步分析。建模人员根据初步分析结果来决定需要的衍生变量。此过程可能反复若干次，直至得到全部"满意"的数据变量。最后，将这些衍生变量汇总成一个衍生变量集合文件，包括每一个客户的各种资料，存入"流失数据集"中。

步骤2：取样。

在这个步骤，建模人员从步骤1所得到的衍生变量集合文件中抽取样本。建模人员会抽取不同客户流失比例的样本，以及不同大小的多份样本，作为训练模型及测试模型使用。抽取出来的样本需传送到数据挖掘服务器上。

步骤3：建立模型。

建模人员在取得步骤2的多份样本后，可将部分样本作为训练数据集，其余样本则作为验证数据集。建模人员也可取某月所有的流失客户作为训练数据集，并以次月的流失客户作为验证数据集。建模人员应选用恰当的模型技术，如决策树技术，利用训练数据集来训练并建立模型。

步骤4：验证模型。

建模人员在这个步骤中利用验证数据集来验证在步骤3所建立的模型。验证数据集和训练数据集是互相独立的。步骤3所建立的模型只"见过"训练数据集的数据，而验证数据集对于已建立的模型来说则是全新的数据，所以，其可以用来验证已建立的模型是否能保证大致相同的模型准确性。

注意：如果利用验证数据集验证已建立的模型，发现模型的准确性不高，则建模人员应回到步骤2检查所抽取的数据样本的质量，看是否有明显的缺失值或异常值，如有此类数据，则应先对这些数据做适当的处理，再重新抽取样本执行步骤3，如此重复步骤2、3、4，直到验证数据集可以在步骤4验证出已建立的模型具有一个大致相同的模型准确性。

步骤5：模型评分。

此步骤为通过步骤2、3、4所建立的模型做模型评分准备的过程，建模人员可将数据挖掘软件建立的模型输出为一个C语言的子程序，并传回数据挖掘主机，由主机上的模型评分主程序来调用。在主机上，建模人员要通过数据抽取工具将模型评分所需的所有客户的相关变量抽取出来成为一个文本文件，以便评分主程序可以读取和计算每一个客户的流失分值。

步骤6：执行。

这个步骤是计算每一个客户的流失分值、客户在决策树所经过的路径、决策树的内容及其路径所经过的变量，再将三部分信息由数据加载工具加载至"流失数据集"中的过程。该步骤除了能算出客户的流失分值外，还会算出客户价值指数。综合以上指标，企业就可以方便而且有效地找出价值高又很可能马上离开（流失分值也高）的客户。

步骤7：模型监测。

在利用模型计算客户的各种指标（流失分值、客户价值等）的同时，还需要计算与该模型相关的性能度量值，如捕获率等。企业需要通过这些性能度量值来监视模型的效能是否有退化的迹象或是否受到客户关系变化的影响，也需要利用这些性能度量值来比较不同的模型，从而选出最好的。

5.用决策树方法来建立客户流失模型

客户流失模型的结果可以用决策树来展示。决策树可以区分不同的流失客户群组及每一群组的潜在流失因素，并指出某个流失群组中客户的共同特性。如果在一个流失群组中有77%的客户将流失，那么他们的共同特性可能包括以下几点：全球通用户；使用时间只有3～4个月的新客户；使用某一套餐，对价格较敏感；每个月拨打不同的电话号码的个数不多于40个，交友圈不是很广；同时拥有一个以上的手机号，想退掉其中一个手机号。

分析客户流失模型以及决策树的输出结果，会产生多个客户的流失群组。发现每一个流失群组特性所隐含的意义及其合理性，有赖于具有业务专长的人员与建立客户流失模型的人员对其的共同检查与诊断。这样以后，通常会发现一些有趣的结果，如停机超过一段时间、曾经打电话到客户服务中心询问退租手续或每月通话费呈递减趋势的客户，有很多最后都离开了。客户流失模型的输出结果中可包括一个客户流失指数，用来作为客户流失的概率（介于0到1），以区别不同客户流失的可能性，如一个流失指数为0.8的客户比一个流失指数为 0.6 的客户更可能离开。当营销部门计划推行一个客户挽留项目时，可由客户流失指数的高低，找出最可能解约的客户群组，以极低的成本和最适当的方式达到较好的客户挽留效果。客户流失的数据挖掘结果常用在 OLAP 中并与其他的分析维度一起参照分析，如利用客户流失指数和客户价值来找出很有价值却又最可能离开的客户总数及详细的客户名单，营销人员可以此作为接触客户的依据。

当然，客户流失的数据挖掘结果也可以与其他的分析维度结合到一起，以更进一步了解名单中即将流失的客户特性。这也是在线分析处理与数据挖掘结合的一个新的方向——在线数据挖掘（on-line analytical mining, OLAM）。

（六）网络资源的管理

1.概述

通信网在运行过程中产生了大量的运行数据。对这些数据进行挖掘，有利于尽早发现潜在的网络故障，提高网络的利用率。具体来讲，数据挖掘可以应用于以下的网络管理领域：

（1）通信网流量峰值预测。

（2）故障预测。

（3）网络流量优化。

2.需要的数据

网络资源管理需要应用各种数据进行分析。例如，故障预测需要用到历史故障数据、网络拓扑数据、网络流量数据；而网络流量优化，则要用到网络拓扑数据和网络流量数据。

3.应用的主要挖掘算法

（1）分类算法。

（2）决策树算法。

（3）神经网络算法。

数据挖掘技术在电信领域还有很多其他的应用内容，随着数据仓库的建设，数据挖掘也将逐渐走向深入，并为电信运营商提供更多有价值的信息。

（七）预防电信欺诈

每一年，电信欺诈行为都给电信公司带来了巨大的损失。

电信欺诈行为通常涉及欺诈性的拨打客户、欺诈性的拨打方式以及一些特定的电话号码。特定的电话号码主要指从电信公司获取提成的、提供某些服务的电话号码，如计算机或其他技术设备的专家热线（拨打某些软件公司的售后支持热线，每分钟大概收费 3 块钱）、股票推荐及金融投资热线、体育比赛比分或者彩票热线。

拨打收费提成号码的费用通常高于普通电话，这些服务的提供商一般都可以在月底从电信公司获得很高的总费用提成，而电信公司对客户一般采用按月收费的方法，在收取客户的费用以前，电信公司需要为打电话的人支付拨打上述号码时发生的所有费用的提成部分。

如果采用数据挖掘技术对可能发生的欺诈行为进行预测，则有可能在可疑的号码造成大量的损失之前，将其列入黑名单，并采取一定的措施进行限制（停机或催缴话费），从而最大限度地减少损失。

1.客户欺诈行为分析所依赖的数据

CDR（call detail records）是通话详单记录的缩写。它是一个电信运营商用来记录电话呼叫及相关信息的数据库。电信企业在 CDR 中记录了每一个电话的通话数据。CDR 存储在数据库中，每条 CDR 记录一般由 50～100 个字段组成。这个数据库是欺诈检测的起始点。

CDR 字段里有几个最重要的字段，如：客户标识、费用提成服务号码标识、通话日期、通话开始时间、通话时长（以秒为单位）、通话费用。

实践证明，大部分的欺诈案例都可以相当早地被发现。例如，在一个欺诈电话运营的第一个周末，利用 CDR 字段数据进行周聚集汇总，可以得到包含欺诈电话所有有用信息的"周内拨打情况"数据视图，利用此数据视图可以进行欺诈预测。"周内拨打情况"数据视图应每周聚集和更新一次。

2.进行客户欺诈行为分析所依赖的挖掘技术

我们通常采用聚类算法进行客户欺诈行为分析，需要强调的一点是为了检测异常拨打模式，不建议限制选定的聚类的数目。因为如果选定的聚类数少，则每个类包含的客户数相对较多，这极有可能压制那些包含客户数较少的、紧凑的、异常拨打模式的聚类。

3.数据挖掘在预防电信欺诈方面的应用实例分析

在某电信公司的例子中，选择聚类数为50。给予每个聚类的客户一个相同的聚类标识，将聚类标识字段插入客户"周内拨打情况"数据视图中，运用图形分析工具可以对正常拨打模式的聚类与异常拨打模式的聚类进行对比的统计分析和细节分析。

经验显示，客户数较小的聚类有较高的欺诈概率。以下是在某电信公司运用欺诈预防系统对客户行为进行分析的结果：

（1）正常拨打方式。通常，对客户数据进行聚类以后，会得到一个大的聚类，包含了正常的客户拨打方式，这个聚类中不同特征的直方图分布与整个客户群对应特征的直方图分布是相似的。在这个例子中，这个类包含了所有拨打特定服务号码的总客户数的73%。

（2）合谋欺诈的拨打方式。在得到的聚类中，这样的聚类占所有拨打特定服务号码的总客户数的0.27%。对这个聚类的客户特征进行分析发现，客户反复拨打同一个服务热线号码，这就意味着合谋欺诈。这类客户特征的直方图分布与整个客户群对应特征的直方图分布有明显的区别。

（3）滥打方式。在结果中可能发现一个聚类，其数量占所有拨打特定服务号码的总客户数的0.09%，其中的客户过多地拨打同一个服务号码。这些电话的时长和费用异常高，拨打它们的很可能是"打电话上瘾的人"。通常，这类客户中的大多数人没有能力或不愿意为他们使用的电话服务付费，针对这些客户，电信企业可以采用特殊的收费方法防止损失。

（4）合谋欺诈/使用自动拨号器。可能会存在一个聚类，它占所有拨打特定服务号码的总客户数的0.18%。这个聚类包含两个客户，这两个客户拨打一个相同的服务热线号码。

使用自动拨号器进行合谋欺诈的特征：除了这两个客户，没有其他拨打这个服务热线号码的人。这两个人拨打的次数都过多，总费用和总时长都异常高。然而，单个电话的最大时长非常低，电话的时长根本没有变化，在一段时间内，每两次拨打的间隔很短。包含这样连接的聚类显示拨打者和服务热线提供商之间合谋欺诈的概率很大。与一般合谋欺诈不同的是，拨打是通过计算机或自动拨号器进行的，因为次数多，平均时长短，时长几乎不变化。

4.将挖掘结果应用于预防电信欺诈

对于表现出异常拨打行为的客户，电信公司可以采取适当的处理措施，包括限制这些客户拨打服务热线号码的次数与时长；强迫这些客户使用预付费方式；审核正确的客户住址、单位和就业状态等信息；给这些客户发送话费账单信息，如果他们不在某段时间内交付话费，则对其进行停机处理。

对于电信行业这样的易于发生欺诈行为的行业来说，基于数据挖掘的欺诈分析系统通常能够在较短的时间之内带来可观的回报。

举例来说，某个大型的外国电信公司与 IBM 公司合作开发了欺诈分析系统，并将挖掘结果应用于电话服务热线，如天气预报和体育比分服务热线、新闻和财经/投资服务热线，对潜在的欺诈行为实施自动检测。第一个挖掘模型开发出来的几周后，就开始在这个电信公司运营使用。该挖掘模型每周分析大约五百万条 CDR 记录，检测到几万欧元规模的欺诈企图。6 个月以后，该电信公司就收回了全部投资。

三、数据采集清洗与 ETL 处理在电信行业中的应用

（一）数据采集清洗

该系统主要用来对电信公司现有的业务账务、计费系统的接口源数据进行采集、清洗，是决策系统数据的源头。按接口类型其可以划分为业务账务数据

采集清洗和计费数据采集清洗。

1.业务系统数据采集模块

业务系统数据采集模块可以根据和业务账务系统接口的协议进行转换参数设置，配置的信息包括源数据、目标数据库、开放数据库连接以及数据抽取的频度。

2.业务系统数据获取模块

业务系统数据获取模块用于采集每天业务账务系统的增量数据，数据包括增量的客户资料，客户资料变更、改号记录，大客户资料、交费记录、停机记录、开通新功能资料和客户应收等。

3.业务系统源数据过滤、清洗、转换过滤模块

业务系统源数据过滤、清洗、转换过滤模块根据每日获取的业务增量源数据，按照 DSS 的物理结构，对源数据进行重整转化，最后导入 DSS 数据库。

4.计费系统数据采集模块

此模块主要用于计费数据接口的数据采集，接口实现方法如下所述：

计费系统数据库每天定期按地区和详单类型将详单数据、用户汇总数据打包，形成备份文件，决策系统每天定时通过远程数据拷贝获取计费系统备份出来的详单、账单的备份文件，并对其进行解码，转换成目标数据库标准的装载格式文本文件。然后利用目标数据库的超速装载工具导入 DSS 数据库。

需要注意的是，计费备份数据转换参数的配置，是根据计费系统备份数据获取的协议设置转换参数来实现的。配置的参数有计费系统的主机名、备份的目录，决策系统主机名、转换入口目录，转换后的数据存储目录。

5.计费备份数据转换装载入库模块

计费备份数据转换装载入库模块将远程复制的业务数据库的全球通详单、神州行详单、全球通账单文件转换为目标格式，通过目标数据库装载工具导入 DSS 数据库。

6.计费数据每日预汇总模块

每日对全球通清单、神州行清单数据生成一次汇总中间数据，生成竞争对

手数据、部分网络状况分析数据。

（二）数据 ETL 处理

ETL 模块主要实现两个功能：

（1）定时将业务和计费过程中相关的数据导入分析系统的临时数据库，实现初始化及增量数据的自动导入。

（2）定时调用后台存储过程，对上一步导入的数据按电信业务分析系统的要求进行整理，然后转入后台的数据仓库。

本系统主要用来按月对数据采集系统采集的数据进行变换、重整、汇总，生成决策系统的实际表以及实际表的汇总数据。按数据类型汇总数据可以划分为业务账务数据、计费数据、综合决策数据三部分。相对的三种数据操作类型都属于任务调度，在后台运作，前台应用界面上只提供相应数据变换状况、数据汇总日志监控。数据 ETL 处理包括对业务账务资料进行变换、重整、汇总模块，按照 DSS 数据组织结构，对业务账务数据进行变换、重整、汇总。相关的实际表有客户资料、客户历史资料、新开户资料、流失客户资料、大客户资料、客户开通新功能资料、客户消费层次表、客户信用度表和话费回收表。业务账务资料经过变换、重整后得到业务账务信息数据，以满足分析需求；业务账务资料的汇总模块按照不同粒度对变换、重整后的业务账务数据进行汇总，以提高查询分析速度。

第七章　商务智能技术
在教育行业的应用

第一节　商务智能技术
在教育行业的应用现状

　　处于数据剧增的信息时代，高校长期积累的大量教学及日常运转数据给学校的科学管理带来了挑战与机遇。信息技术的高速发展，为高等学校的教育教学及服务管理提供了新的手段和丰富的资源。现代大学亟须加强对数据的有效利用，从信息技术的利用与高等学校的管理效益出发，利用商务智能进行教育管理和研究。

　　随着社会对教育要求的不断提高，商务智能技术在教育方面的应用越来越受到重视。在国家推广教育信息技术的背景下，很多传统的教育问题被提及，如如何打破"一考定终身"模式、如何更科学地评价学生的综合素质、如何更科学地进行学生教育等。这些问题的解决不仅仅依靠政府的决策，还需要广泛的社会力量来推动，让教育更公平，让每个人都能够发挥自己的特长，让每个人进入社会后都能够找到自己的定位。社会在进步，科技在进步，各种教育问题的解决也离不开技术的支持。成熟的商务智能系统有望突破教育瓶颈，更好地推动教育往更高水平发展。在国内，当前商务智能系统主要运用在企业的商业活动中，部分政府机关和高校为了更有效地管理和使用各种经济数据，也对商务智能系统有所运用。

通过调查了解世界各地的高校应用商务智能技术的状况发现，高校越来越重视商务智能技术在高校运转过程中的应用。北美高等教育界较早关注商务智能应用的重要性，部分高校通过采用商务智能技术，对学校的教育数据进行整合分析，为学校的科学决策与管理提供信息支持。例如，宾夕法尼亚州立大学、密歇根大学均于 2005 年提出建设商务智能项目的倡议，佛罗里达州立大学、华盛顿大学分别于 2007 年、2008 年开始利用商务智能项目为学校决策提供支持。我国一些高校也有应用商务智能为学校决策提供支持的实践，如中山大学从 2010 年开始提出学校商务智能系统建设，上海交通大学在 2011 年推出商务智能项目的子系统——财务管理驾驶舱系统，中国人民大学推出综合数据填报、数据存储、数据管理和数据展示四大功能的数据平台，浙江大学为优化资源配置建设了共享数据中心，上海财经大学建设校务决策支持系统，常熟理工学院建立高校决策支持系统等。国内虽已有部分高校在应用商务智能，但是这种应用还没有普及。

高校决策者常常希望从不同的角度审视教育数据，如从时间、学院、学科、教学、科研成果、师资、课程建设、学生层次、交流合作、办学资源、生源、就业情况、财务等维度全面了解学校的教育质量和状态。商务智能技术为高校管理提供固定报表、即席查询、统计分析、多维分析、预警、预测分析、数据挖掘建模分析以及优化分析等功能，根据学校现有的学生、教师、资源、科研等状况，帮助高校决策者全面地对学校资源配置进行调控、对学校整体办学信息的内部结构进行调整，做出对学校发展更为有利的科学决策。

第二节　商务智能技术
在教育管理方面的应用

商务智能技术在教育管理方面的应用主要包括在学生管理、课程管理、设施管理、教职工管理、科研管理等方面的应用。

一、商务智能技术在学生管理方面的应用

随着互联网技术的发展，教育的方式也在改变，越来越多样化的教育方式产生了大量结构化和非结构化数据，学校可将其作为提高学校教学质量的指标和依据。

在高等院校中，学生的相关数据，尤其是与学习相关的数据是海量的，但是目前这部分数据并没有得到很好的开发与利用。大部分高校对这部分数据的应用主要在于对数据的查询和统计，对数据背后的价值的关注度还很低。要挖掘数据的价值，就要对数据进行分析，并根据分析做出相应的决策指导，从而使数据发挥更高层次的作用。商务智能技术在教育中应用的最终结果的主要反馈对象是原始数据的创造者——学生本人。以往学校主要把数据分析的最终结果直接反馈给学校各级领导，将形式化的数据知识作为决策参考，而学生只是被动地接受决策的影响，这种现象导致的最终结果就是教师苦口婆心地劝导，学生却置若罔闻。这正是因为学生没有得到全面的、准确的、实时的数据信息反馈，对自身的学习状态没有正确而清醒的认识。所以，学校要将学生作为重要的反馈受众，使学生主动地看清自己的位置、自己的发展趋势。

学生是学校教学活动的主体之一。通过收集学生学习情况、生活情况等信息，利用商务智能技术，学校能够从这些数据中挖掘出某些规律和趋向，为学

校日常管理和教学工作提供决策支持。以学生为主体，学校可以考虑用雪花型模型来设立多个维度（基本信息维度、在校时间维度、在校成绩维度、生活消费维度、资源使用维度），以对学生进行管理，如图7-1所示。

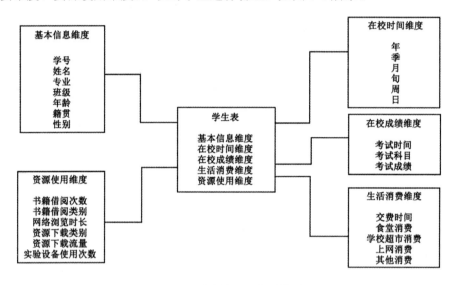

图 7-1 学生情况雪花型模型

高校可利用商务智能技术对学生进行如下分析：

（一）行为分析

在传统教学过程中，教师通过对数据进行简单的统计分析能找到一些规律，如学生考试及格率、作业的正确率、回答课堂问题的次数、缺课次数、回答问题的时间长短等。但不同学生在回答同一问题时所用时长的区别、不同学生回答问题准确率的区别等规律不能通过简单的统计得到，教师难以发现问题表象背后的原因。

引入信息化教学后，在日常教学和学生课后练习的过程中，教师会自然而然地对学生的行为进行记录，包括学生对某一内容的学习情况，什么时候点击的学习页面、停留了多长时间、答对了多少题等信息，由此形成属于每个学生的独特的信息记录。商务智能可根据学生行为基准，监控学生行为指标，如出勤数据、事故报告和纪律记录等，以确定学校何时需要对学生进行干预。

（二）偏好和表现趋势分析

商务智能可利用互联网自然搜集的数据和数据挖掘技术分析学生对学科的偏好和表现的趋势，帮助学校根据学生的特点进行课程设置和学科设置，提高学生的成绩和满意度。

高校把商务智能技术应用到学生管理中，建立学生管理系统，对其中的数据进行分析，能得到用传统分析方法无法得到的潜在信息。高校可以利用这些信息了解教学的过程，从而提高教育质量。在教学质量评估方面，高校通过采用分类、聚类等数据挖掘方法对某一个院系学生的评价数据和授课教师的信息进行数据挖掘，并对挖掘结果进行分析，可以得出定性评价结论，找出影响教学质量的关键因素，为高校提供决策支持。商务智能技术的应用还能帮助教师选择更适合学生的教学方式，记录学生的学习情况，挖掘学生的习惯、兴趣、偏好等，了解他们的学习细节，如在网络学习系统中，学生在哪个阶段遇到了困难、他们重复访问的页面、他们觉得难以理解的知识、他们偏爱的学习方式、他们学习效果最佳的时间段等。通过分析每个学生的学习轨迹，教师能够比较精准地分析教学过程中应该注意的重难点问题，进而有针对性地进行备课，这大大降低了时间成本并且提高了效率。

（三）成绩分析

商务智能能对学生的学习行为数据进行智能分析，从而给出适合学生的个性化学习建议。商务智能技术可用于学习资源质量的精准分析，进而优化学习资源的设计与开发；从年级、学科或教师角度跟踪学生的平均成绩，并根据可比的历史数据进行评估，以确定学生和教师的表现趋势；根据社会和政府的标准跟踪学习成绩，以便在必要时采取纠正措施；跟踪和评估个别学生、整个班级和整个年级的成绩，并针对每门课程的具体内容，找出不足之处并实施恰当的纠正方案；分析后续考试的表现，以确定学生是否对新知识做出了有效的反应;从多个维度对学生的成绩进行分析,挖掘出隐藏在数据后面的规律或模式,从而能够有更好的指导性建议来指导教学工作,提升教学质量,提高学生成绩以及其他的决策能力。

(四)考勤分析

为保障学校教育教学活动有序开展,营造学生学习、成长的优良环境,学校要对学生出勤情况进行管理,设计一个模型来分析学生的出勤情况。在这个模型中,粒度可以是学生每天出勤的次数。学生考勤模式中的粒度可以按照日期来确定,而不是只能按照学期来确定。在图 7-2 所示的维度模型中,学校可以查询哪些课程的学生出勤率最高、什么时候的学生出勤率最高等情况,还可以统计出一个学期中哪门课程的学生出勤率最低、哪个学生学习了哪门课程、哪个教师的学生最多等情况。

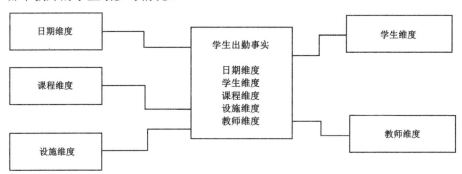

图 7-2 学生考勤雪花型模型

二、商务智能技术在课程管理方面的应用

高校课程的设立是高等教育至关重要的内容,每学年人数的变化以及教育趋势的变化都会影响学校课程的设置。图 7-3 为课程设置雪花型模型。

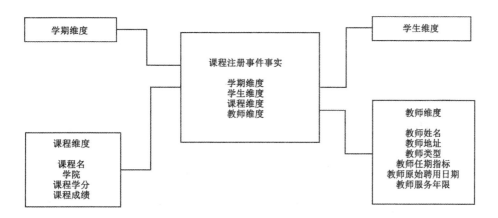

图 7-3 课程设置雪花型模型

在事实表中，数据是按照学期而不是按照日、周、月粒度级别记录的。学期维度仍然要与日期维度保持一致。换句话说，知道具体的某一天即可知道具体是哪一个学期（如秋季学期）、学年（如 2022～2023 学年）。

学生维度需要包括多方面的信息，如院系、专业、宿舍（几栋几楼几室）、年级（如大学一年级）等。学校需要了解以上信息以及这些信息的变化情况，特别是专业、年级状态和毕业情况等属性。学校相关管理人员及相关专业教师希望获得按照年级、学院、专业等分类的学生学习情况和选修人数，从而方便进行工作安排，如订购相应数量的课本、安排大小合适的教室等。

三、商务智能技术在设施管理方面的应用

大学有很多的教学和运动设施。学校需要对这些设施的使用情况有所了解。例如，哪个设施的使用率最高？在一段时间内，设施的平均使用率是多少？设施使用事实表可以用于解决这些问题。图 7-4 借助商务智能技术，构建了设施使用雪花型模型。

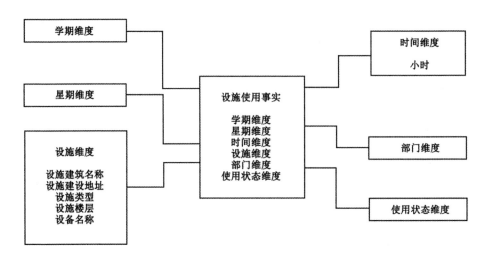

图7-4 设施使用雪花型模型

设施维度包含与设施有关的所有类型的描述性属性，如设施建筑名称、设施建筑地址、设施类型、设施楼层、设备名称等。使用状态维度包含值为"可用"或"使用中"的文本描述符。同时，可能有多个部门使用同样的设备。

四、商务智能技术在教职工管理方面的应用

在企业里，人力资源是第一资源的理念越来越受到认可。企业的发展需要人才，学校或教育机构也是如此。如果无法将人员管理好，那么是比较难取得好的发展的。在学校里，对教职工的管理即是人力资源管理。学校要利用商务智能技术挖掘出实时、准确、可靠的数据并对其进行分析，以此全面了解学校的人力资源构成。教职工管理需要一个能够快速响应、实时调整的模型工具，以对人力资源进行多方位分析和快速展示。除了学生，学校教学活动的另一大主体就是教职工，学校的正常管理和运作都需要教职工来具体参与。以教职工为实体，可以设计五个维度进行管理，这五个维度分别是基本信息维度（细分为工号、姓名、年龄、籍贯、性别、职称、学历等个人信息）、资源使用维度、

在校时间维度、科研成果维度、工作考核维度，具体如图 7-5 所示。

图 7-5 教职工管理雪花型模型

现代信息技术的发展改变了传统的教学环境，新的教学手段及环境也推动了教学改革。课堂教学是高校生存和发展的生命线，高校要提高生存和发展能力就要严把教学质量关。要有多方面的评价指标来衡量教学质量。一般来说，高校可以从三个方面来评价教师的课堂教学：一是学生对教师的评价，二是同行的评价，三是专门监督机构的监督评价。另外，还需要关注教师的科研能力、学习经历等。这些与教学质量联系的数据分别被科研处、人事处、教务处、学生处等的相关信息管理系统保存和管理，要衡量教学质量就要将这些信息综合起来分析和利用。学校要利用商务智能技术评价教学质量，在海量数据中找到相关要素之间的关系，辅助决策。

高校可利用商务智能技术对教职工进行如下管理：

（1）监督和管理合同服务和额外费用的支出。

（2）监督课程以外活动的实施。

（3）监控教师工作情况，为合理的绩效考核提供数据支持。

（4）监控分配给教师的工作量，确保教师不会超负荷工作。

五、商务智能技术在科研管理方面的应用

高校的主要任务是培养人才,科研是社会与政府评价高校和教师的重要角度。通常情况下,高校良好的科研能力意味着良好的学术声誉与人才培养能力。社会与政府依据不同的科研水平,给予高校不同程度的资金支持。科研活动是教师除教学活动之外的另一个重要工作,而科研成果情况也是评价一个学校发展状况的重要指标。以科研为实体,高校要考虑设计三个维度进行管理,分别是时间维度、科研人员维度(细分为工号、姓名、年龄、籍贯、性别、职称、所属机构等信息)、科研成果维度(细分为项目号、经费、成果等信息),具体如图 7-6 所示。

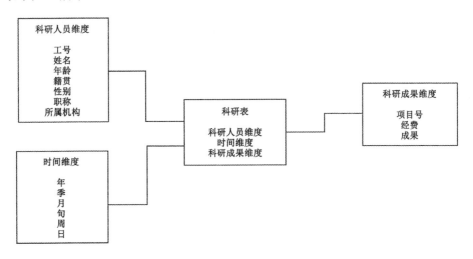

图 7-6 科研管理雪花型模型

参 考 文 献

[1] 曹琴英，张才明，石仲仁，等.商务智能与医院科学管理[M].天津：天津科学技术出版社，2014.

[2] 郭彦丽，薛云.商务智能：实战案例分析[M].北京：北京理工大学出版社，2017.

[3] 黄建鹏，徐晓冬，魏宝军.商业智能在电子商务中的实践与应用[M].南京：东南大学出版社，2012.

[4] 韩伟，韩忠愿.多智能体系统及其在电子商务中的应用[M].合肥：中国科学技术大学出版社，2007.

[5] 刘华.商务汉语分类分级常用词常用句研究[M].北京：外语教学与研究出版社，2021.

[6] 刘吉成.基于商务智能的动态联盟管理[M].北京：中国水利水电出版社，2008.

[7] 刘平山，黄宏军，黄福，等.商务智能与数据挖掘[M].上海：上海交通大学出版社，2022.

[8] 马刚.商务智能[M].沈阳：东北财经大学出版社，2010.

[9] 谭学清.商务智能[M].武汉：武汉大学出版社，2006.

[10] 王斌.基于客户行为差异的汽车售后服务挖掘模型及其商务智能决策支持系统研究[M].广州：世界图书出版广东有限公司，2015.

[11] 谢爱华.SAP 商务智能实用开发与高级功能详解[M].北京：机械工业出版社，2015.

[12] 徐斌.基于语义的电子商务智能推荐模型与方法研究[M].武汉：华中科技大学出版社，2020.

[13] 严南南，宓为建.港口智能电子商务[M].上海：上海科学技术出版社，2019.

[14] 张大斌.数据挖掘与商务智能实验教程[M].武汉：华中师范大学出版社，2015.

[15] 章剑林.网格与商务智能[M].上海：上海交通大学出版社，2008.

[16] 朱立才，许桂秋.商务智能方法与应用[M].杭州：浙江科学技术出版社，2020.

[17] 赵悦，王忠超.Power BI商务智能数据分析[M].北京：机械工业出版社，2020.

[18] 曾子明，余小鹏.电子商务推荐系统与智能谈判技术[M].武汉：武汉大学出版社，2008.